PAUL

ET

VIRGINIE

Par JACQUES-BERNARDIN-HENRI

DE SAINT-PIERRE

TEXTE CONFORME A CELUI DE LA DERNIÈRE ÉDITION
DONNÉE PAR L'AUTEUR

LVCET OMNIBVS

PARIS

DELARUE, LIBRAIRE-ÉDITEUR

3, RUE DES GRANDS-AUGUSTINS, 3

I0153408

DELARUE, LIBRAIRE-ÉDITEUR, A PARIS

LES CHEFS-D'ŒUVRE

DE LA

LITTÉRATURE

FRANÇAISE ET ÉTRANGÈRE

Cette collection, éxecutée avec le plus grand soin, aura environ 100 volumes petit in-12 Elzévirien.

PRIX DE CHAQUE VOLUME : 1 FRANC

Il paraîtra plusieurs volumes par mois.

MOLIÈRE (Œuvres complètes)	8 volumes.
LAFONTAINE (Les Contes).	2 volumes.
PRÉVOST (l'Abb) (Manon Lescaut) .	1 volume.
MATHURIN RÉGNIER (Œuvres comp.)	1 volume.
LONGUS (Daphnis et Chloé)	1 volume.
B. DE SAINT-PIERRE (Paul et Virginie)	1 volume.
LA FONTAINE (Les Fables)	2 volumes.
BOILEAU (Œuvres poétiques)	2 volumes.
STERNE (Voyage sentimental)	1 volume.

D'autres volumes sont en préparation

Pour répondre aux demandes des amateurs de livres de choix, il a été tiré des exemplaires de notre collection :

1° Sur papier de Chine, au prix de	4 fr. le volume.	
2° Sur papier vergé	3 fr. 50	—
3° Sur papier rosé.	3 fr.	—
4 Sur papier teinte japonaise, type d'amateur..	3 fr. 50	—

PAUL

ET

VIRGINIE

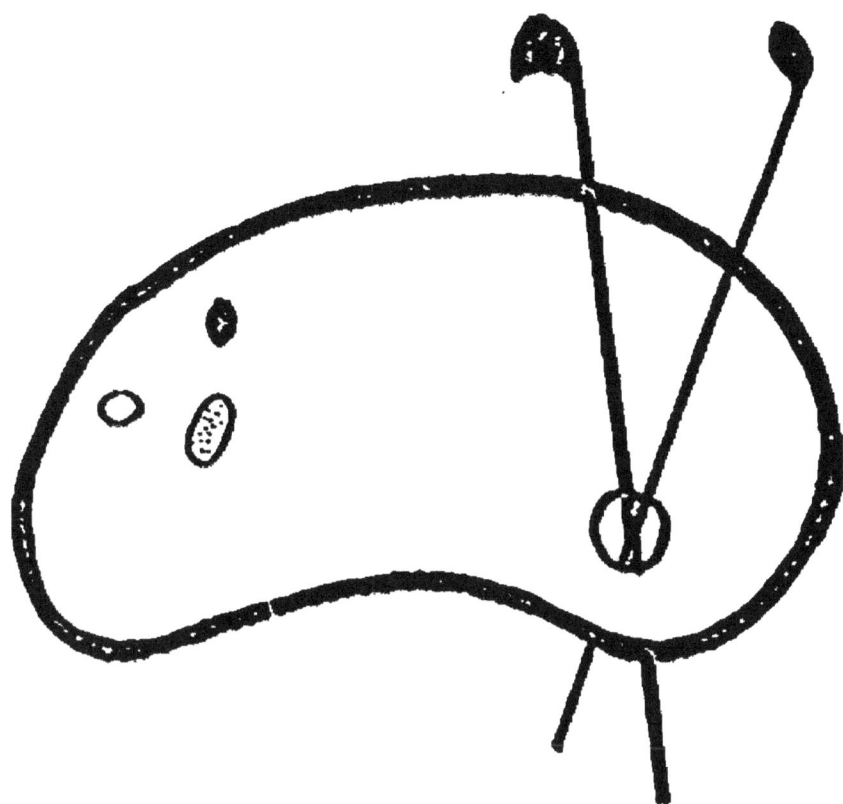

ORIGINAL EN COULEUR
NF Z 43-120-8

PAUL

ET

VIRGINIE

PAR JACQUES-BERNARDIN-HENRI DE SAINT-PIERRE

(TEXTE CONFORME A CELUI DE LA DERNIÈRE ÉDITION
DONNÉE PAR L'AUTEUR)

LVCET OMNIBVS

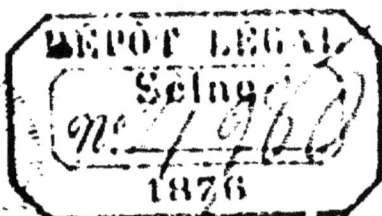

DÉPÔT LÉGAL
Seine
n° 1876

PARIS

DELARUE, LIBRAIRE-EDITEUR

3, RUE DES GRANDS-AUGUSTINS, 3

AVANT-PROPOS

Je me suis proposé de grands desseins dans ce petit ouvrage. J'ai tâché d'y peindre un sol et des végétaux différens de ceux de l'Europe. Nos poètes ont assez reposé leurs amans sur le bord des ruisseaux, dans les prairies et

I

sous le feuillage des hêtres. J'en ai voulu asseoir
sur le rivage de la mer, au pied des rochers, à
l'ombre des cocotiers, des bananiers et des citronniers en fleurs. Il ne manque à l'autre partie
du monde, que des Théocrites et des Virgiles,
pour que nous en ayons des tableaux au moins
aussi intéressans que ceux de notre pays. Je sais
que des voyageurs pleins de goût nous ont donné
des descriptions enchantées de plusieurs îles de
la mer du Sud; mais les mœurs de leurs habitans, et encore plus celles des Européens qui y
abordent, en gâtent souvent le paysage. J'ai dé-
siré réunir à la beauté de la nature entre les
tropiques, la beauté morale d'une petite société.
Je me suis proposé aussi d'y mettre en évidence
plusieurs grandes vérités, entre autres celle-ci :
que notre bonheur consiste à vivre suivant la nature et la vertu. Cependant il ne m'a point fallu
imaginer de roman pour peindre des familles
heureuses. Je puis assurer que celles dont je vais
parler ont vraiment existé, et que leur histoire
est vraie dans ses principaux événemens. Ils
m'ont été certifiés par plusieurs habitans que j'ai

connus à l'Ile-de-France. Je n'y ai ajouté que
quelques circonstances indifférentes, mais qui,
m'étant personnelles, ont encore en cela même de
la réalité. Lorsque j'eus formé, il y a quelques
années, une esquisse fort imparfaite de cette
espèce de pastorale, je priai une belle dame qui
fréquentoit le grand monde, et des hommes gra-
ves qui en vivoient loin, d'en entendre la lecture,
afin de pressentir l'effet qu'elle produiroit sur
des lecteurs de caractères si différens : j'eus la
satisfaction de leur voir verser à tous des larmes. Ce fut le seul jugement que j'en pus tirer, et
c'étoit aussi tout ce que j'en voulois savoir. Mais
comme souvent un grand vice marche à la suite
d'un petit talent, ce succès m'inspira la vanité
de donner à mon ouvrage le titre de Tableau de
la Nature. Heureusement, je me rappelai combien la nature même du climat où je suis né
m'étoit étrangère; combien, dans des pays où je
n'ai vu ses productions qu'en voyageur, elle est
riche, variée, aimable, magnifique, mystérieuse,
et combien je suis dénué de sagacité, de goût et
d'expressions, pour la connoître et la peindre.

Je rentrai alors en moi-même. J'ai donc compris ce foible essai sous le nom et à la suite de mes Études de la Nature, que le public a accueillies avec tant de bonté, afin que ce titre, lui rappelant mon incapacité, le fît toujours souvenir de son indulgence.

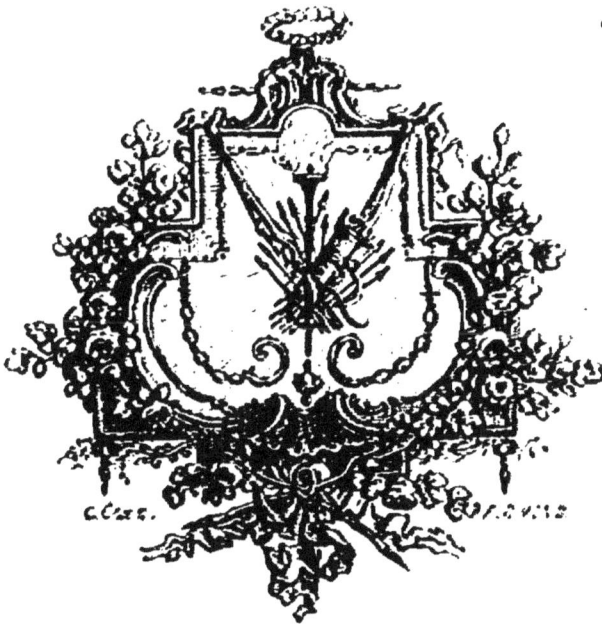

PAUL ET VIRGINIE

Sur le côté oriental de la montagne qui s'élève derrière le Port-Louis de l'île de France, on voit, sur un terrain jadis cultivé, les ruines de deux petites cabanes. Elles sont situées presque au milieu d'un bassin formé par de grands rochers, qui n'a qu'une seule ouverture tournée au nord. On aperçoit sur la gauche, la montagne

appelée le morne de la Découverte, d'où l'on
signale les vaisseaux qui abordent dans l'ile, et au
bas de cette montagne, la ville nommée le Port-
Louis; sur la droite, le chemin qui mène du Port-
Louis au quartier des Pamplemousses; ensuite
l'église de ce nom, qui s'élève avec ses avenues
de bambous au milieu d'une grande plaine; et plus
loin, une forêt qui s'étend jusqu'aux extrémités
de l'île. On distingue devant soi, sur les bords
de la mer, la baie du Tombeau; un peu sur la
droite, le cap Malheureux; et au-delà, la pleine
mer, où paroissent à fleur d'eau quelques ilots
inhabités, entre autres le Coin-de-Mire, qui ressemble à un bastion au milieu des flots.

A l'entrée de ce bassin, d'où l'on découvre
tant d'objets, les échos de la montagne répètent
sans cesse le bruit des vents qui agitent les forêts voisines, et le fracas des vagues qui se brisent au loin sur les récifs; mais au pied même
des cabanes, on n'entend plus aucun bruit, et
on ne voit autour de soi que de grands rochers
escarpés comme des murailles. Des bouquets
d'arbres croissent à leurs bases, dans leurs fen-
tes, et jusques sur leurs cimes, où s'arrêtent les
nuages. Les pluies que leurs pitons attirent, peignent souvent les couleurs de l'arc-en-ciel sur
leurs flancs verts et bruns, et entretiennent à

leurs pieds les sources dont se forme la petite rivière des Lataniers. Un grand silence règne
dans leur enceinte, où tout est paisible, l'air, les
eaux et la lumière. A peine l'écho y répète le
murmure des palmistes qui croissent sur leurs
plateaux élevés, et dont on voit les longues flè-
ches toujours balancées par les vents. Un jour
doux éclaire le fond de ce bassin, où le soleil ne
luit qu'à midi ; mais dès l'aurore ses rayons en
frappent le couronnement, dont les pics s'éle-
vant au-dessus des ombres de la montagne, paroissent d'or et de pourpre sur l'azur des cieux.

J'aimois à me rendre dans ce lieu, où l'on
jouit à-la-fois d'une vue immense et d'une solitude profonde. Un jour, que j'étois assis au pied
de ces cabanes, et que j'en considérois les ruines,
un homme déjà sur l'âge vint à passer aux environs. Il étoit, suivant la coutume des anciens
habitans, en petite veste et en long caleçon. Il
marchoit nu-pieds, et s'appuyoit sur un bâton
de bois d'ébène. Ses cheveux étoient tout blancs,
et sa physionomie noble et simple. Je le saluai
avec respect. Il me rendit mon salut, et m'ayant
considéré un moment, il s'approcha de moi, et
vint se reposer sur le tertre sur lequel j'étois
assis. Excité par cette marque de confiance, je
lui adressai la parole : « Mon père, lui dis-je,

« pourriez-vous m'apprendre à qui ont appar-
« tenu ces deux cabanes? » Il me répondit :
« Mon fils, ces masures et ce terrain inculte
« étoient habités, il y a environ vingt ans, par
« deux familles qui y avoient trouvé le bonheur.
« Leur histoire est touchante; mais dans cette
« île, située sur la route des Indes, quel Euro-
« péen peut s'intéresser au sort de quelques par-
« ticuliers obscurs? Qui voudroit même y vivre
« heureux, mais pauvre et ignoré? Les hommes
« ne veulent connoître que l'histoire des grands
« et des rois, qui ne sert à personne. — Mon
« père, repris-je, il est aisé de juger à votre air
« et à votre discours, que vous avez acquis une
« grande expérience. Si vous en avez le temps,
« racontez-moi, je vous prie, ce que vous savez
« des anciens habitans de ce désert, et croyez
« que l'homme, même le plus dépravé par les
« préjugés du monde, aime à entendre parler du
« bonheur que donnent la nature et la vertu. »
Alors, comme quelqu'un qui cherche à se rappeler diverses circonstances, après avoir appuyé
quelque temps ses mains sur son front, voici ce
que ce vieillard me raconta.

En 1726, un jeune homme de Normandie,
appelé M. de la Tour, après avoir sollicité en

vain du service en France et des secours dans sa
famille, se détermina à venir dans cette île, pour
y chercher fortune. Il avoit avec lui une jeune
femme qu'il aimoit beaucoup, et dont il étoit
également aimé. Elle étoit d'une ancienne et riche maison de sa province; mais il l'avoit épou-
sée en secret et sans dot, parce que les parens
de sa femme s'étoient opposés à son mariage,
attendu qu'il n'étoit pas gentilhomme. Il la laissa
au Port-Louis de cette île, et il s'embarqua pour
Madagascar, dans l'espérance d'y acheter quelques noirs, et de revenir promptement ici former une habitation. Il débarqua à Madagascar
vers la mauvaise saison, qui commence à la mi-
octobre; et, peu de temps après son arrivée, il y
mourut des fièvres pestilentielles qui y règnent
pendant six mois de l'année, et qui empêche-
ront toujours les nations européennes d'y faire
des établissemens fixes. Les effets qu'il avoit
emportés avec lui furent dispersés après sa mort,
comme il arrive ordinairement à ceux qui meu-
rent hors de leur patrie. Sa femme, restée à l'île
de France, se trouva veuve, enceinte, et n'ayant
pour tout bien au monde, qu'une négresse, dans
un pays où elle n'avoit ni crédit, ni recomman-
dation. Ne voulant rien solliciter auprès d'aucun
homme, après la mort de celui qu'elle avoit

uniquement aimé, son malheur lui donna du courage. Elle résolut de cultiver avec son esclave un petit coin de terre, afin de se procurer de quoi vivre.

Dans une île presque déserte, dont le terrain étoit à discrétion, elle ne choisit point les cantons les plus fertiles ni les plus favorables au commerce; mais cherchant quelque gorge de montagne, quelque asyle caché où elle pût vivre seule et inconnue, elle s'achemina de la ville vers ces rochers, pour s'y retirer comme dans un nid. C'est un instinct commun à tous les êtres sensibles et souffrans, de se réfugier dans les lieux les plus sauvages et les plus déserts; comme si des rochers étoient des remparts contre l'infortune, et comme si le calme de la nature pouvoit appaiser les troubles malheureux de l'ame. Mais la Providence, qui vient à notre secours lorsque nous ne voulons que les biens nécessaires, en réservoit un à madame de la Tour, que ne donnent ni les richesses, ni la grandeur; c'étoit une amie.

Dans ce lieu, depuis un an, demeuroit une femme vive, bonne et sensible; elle s'appeloit Marguerite. Elle étoit née en Bretagne, d'une simple famille de paysans, dont elle étoit chérie, et qui l'auroit rendue heureuse, si elle n'avoit eu

la foiblesse d'ajouter foi à l'amour d'un gentilhomme de son voisinage, qui lui avoit promis de
l'épouser. Mais celui-ci ayant satisfait sa passion,
s'éloigna d'elle, et refusa même de lui assurer
une subsistance pour un enfant dont il l'avoit
laissée enceinte. Elle s'étoit déterminée alors à
quitter pour toujours le village où elle étoit née,
et à aller cacher sa faute aux colonies, loin de
son pays, où elle avoit perdu la seule dot d'une
fille pauvre et honnête, la réputation. Un vieux
noir, qu'elle avoit acquis de quelques deniers
empruntés, cultivoit avec elle un petit coin de
ce canton.

Madame de la Tour, suivie de sa négresse,
trouve dans ce lieu Marguerite qui allaitoit son
enfant. Elle fut charmée de rencontrer une
femme dans une position qu'elle jugea semblable
à la sienne. Elle lui parla, en peu de mots, de sa
condition passée et de ses besoins présens. Marguerite, au récit de madame de la Tour, fut
émue de pitié; et, voulant mériter sa confiance
plutôt que son estime, elle lui avoua, sans lui rien
déguiser, l'imprudence dont elle s'étoit rendue
coupable. « Pour moi, dit-elle, j'ai mérité mon
« sort. Mais vous, madame,... vous sage et mal-
« heureuse! » Et elle lui offrit, en pleurant, sa
cabane et son amitié. Madame de la Tour, tou-

chée d'un accueil si tendre, lui dit, en la serrant
dans ses bras : « Ah! Dieu veut finir mes peines,
« puisqu'il vous inspire plus de bonté envers
« moi, qui vous suis étrangère, que jamais je
« n'en ai trouvé dans mes parens. »

Je connoissois Marguerite, et quoique je demeure à une lieue et demie d'ici, dans les bois,
derrière la Montagne-longue, je me regardois
comme son voisin. Dans les villes d'Europe,
une rue, un simple mur, empêchent les membres d'une même famille de se réunir pendant
des années entières; mais dans les colonies nouvelles, on considère comme ses voisins, ceux
dont on n'est séparé que par des bois et par des
montagnes. Dans ce temps-là sur-tout, où cette
île faisoit peu de commerce aux Indes, le simple
voisinage y étoit un titre d'amitié, et l'hospitalité envers les étrangers, un devoir et un plaisir.
Lorsque j'appris que ma voisine avoit une compagne, je fus la voir, pour tâcher d'être utile à
l'une et à l'autre. Je trouvai dans madame de la
Tour, une personne d'une figure intéressante,
pleine de noblesse et de mélancolie. Elle étoit
alors sur le point d'accoucher. Je dis à ces deux
dames, qu'il convenoit, pour l'intérêt de leurs
enfans, et sur-tout pour empêcher l'établisse-
ment de quelque autre habitant, de partager en-

tre elles le fond de ce bassin, qui contient environ vingt arpens. Elles s'en rapportèrent à moi pour ce partage. J'en formai deux portions à-peu-près égales ; l'une renfermoit la partie supérieure de cette enceinte, depuis ce piton de rocher couvert de nuages, d'où sort la source de la rivière des Lataniers, jusqu'à cette ouverture escarpée que vous voyez au haut de la montagne, et qu'on appelle l'Embrasure, parce qu'elle ressemble en effet à une embrasure de canon. Le fond de ce sol est si rempli de roches et de ravins, qu'à peine on y peut marcher ; cependant il produit de grands arbres, et il est rempli de fontaines et de petits ruisseaux. Dans l'autre portion, je compris toute la partie inférieure qui s'étend le long de la rivière des Lataniers, jusqu'à l'ouverture où nous sommes, d'où cette rivière commence à couler entre deux collines jusqu'à la mer. Vous y voyez quelques lisières de prairies, et un terrain assez uni, mais qui n'est guère meilleur que l'autre ; car, dans la saison des pluies il est marécageux, et dans les sécheresses il est dur comme du plomb. Quand on y veut alors ouvrir une tranchée, on est obligé de le couper avec des haches. Après avoir fait ces deux partages, j'engageai ces deux dames à les tirer au sort. La partie supérieure

échut à madame de la Tour, et l'inférieure à
Marguerite. L'une et l'autre furent contentes de
leur lot; mais elles me prièrent de ne pas séparer leur demeure, « afin, me dirent-elles, que
« nous puissions toujours nous voir, nous parler
« et nous entre-aider. » Il falloit cependant à
chacune d'elles une retraite particulière. La case
de Marguerite se trouvoit au milieu du bassin,
précisément sur les limites de son terrain. Je
bâtis tout auprès, sur celui de madame de la
Tour, une autre case, en sorte que ces deux
amies étoient à-la-fois dans le voisinage l'une
de l'autre, et sur la propriété de leurs familles.
Moi-même j'ai coupé des palissades dans la montagne; j'ai apporté des feuilles de latanier des
bords de la mer, pour construire ces deux cabanes, où vous ne voyez plus maintenant ni porte,
ni couverture. Hélas! il n'en reste encore que
trop pour mon souvenir! Le temps, qui détruit
si rapidement les monumens des empires, semble respecter dans ces déserts ceux de l'amitié,
pour perpétuer mes regrets jusqu'à la fin de ma
vie.

A peine la seconde de ces cabanes étoit achevée, que madame de la Tour accoucha d'une
fille. J'avois été le parrain de l'enfant de Marguerite, qui s'appeloit Paul. Madame de la Tour

me pria aussi de nommer sa fille, conjointement avec son amie. Celle-ci lui donna le nom de Virginie. « Elle sera vertueuse, dit-elle, et elle sera « heureuse. Je n'ai connu le malheur qu'en « m'écartant de la vertu. »

Lorsque madame de la Tour fut relevée de ses couches, ces deux petites habitations commencèrent à être de quelque rapport, à l'aide des soins que j'y donnois de temps en temps, mais sur-tout par les travaux assidus de leurs esclaves. Celui de Marguerite, appelé Domingue, étoit un noir Iolof, encore robuste, quoique déjà sur l'âge. Il avoit de l'expérience et un bon sens naturel. Il cultivoit indifféremment sur les deux habitations, les terrains qui lui sembloient les plus fertiles, et il y mettoit les semences qui leur convenoient le mieux. Il semoit du petit mil et du maïs dans les endroits médiocres, un peu de froment dans les bonnes terres, du riz dans les fonds marécageux; et au pied des roches, des giraumons, des courges et des concombres qui se plaisent à y grimper. Il plantoit dans les lieux secs, des patates qui y viennent très-sucrées, des cotonniers sur les hauteurs, des cannes à sucre dans les terres fortes, des pieds de café sur les collines, où le grain est petit, mais excellent; le long de la rivière et autour des ca-

ses, des bananiers qui donnent toute l'année de
longs régimes de fruits, avec un bel ombrage, et
enfin quelques plantes de tabac pour charmer
ses soucis et ceux de ses bonnes maîtresses. Il
alloit couper du bois à brûler dans la montagne,
et casser des roches çà et là dans les habitations,
pour en aplanir les chemins. Il faisoit tous ces
ouvrages avec intelligence et activité, parce
qu'il les faisoit avec zèle. Il étoit fort attaché à
Marguerite; et il ne l'étoit guère moins à madame de la Tour, à la négresse de laquelle il
s'étoit marié à la naissance de Virginie. Il aimoit
passionnément sa femme, qui s'appeloit Marie.
Elle étoit née à Madagascar, d'où elle avoit apporté quelque industrie, entre autres celle de
faire des paniers et des étoffes appelées pagnes,
avec des herbes qui croissent dans les bois. Elle
étoit adroite, propre, et sur-tout très-fidèle. Elle
avoit soin de préparer à manger, d'élever quelques poules, et d'aller de temps en temps ven-
dre au Port-Louis le superflu de ces deux habitations, qui étoit bien peu considérable. Si vous
y joignez deux chèvres élevées près des enfans,
et un gros chien qui veilloit la nuit au dehors,
vous aurez une idée de tout le revenu et de tout
le domestique de ces deux petites métairies.

Pour ces deux amies, elles filoient, du matin

au soir, du coton. Ce travail suffisoit à leur en-
tretien et à celui de leurs familles; mais d'ailleurs, elles étoient si dépourvues de commodités
étrangères, qu'elles marchoient nu-pieds dans
leur habitation, et ne portoient de souliers que
pour aller le dimanche, de grand matin, à la
messe à l'église des Pamplemousses que vous
voyez là-bas. Il y a cependant bien plus loin
qu'au Port-Louis; mais elles se rendoient rarement à la ville, de peur d'y être méprisées, parce
qu'elles étoient vêtues de grosse toile bleue du
Bengale, comme des esclaves. Après tout, la
considération publique vaut-elle le bonheur domestique? Si ces dames avoient un peu à souf-
frir au dehors, elles rentroient chez elles avec
d'autant plus de plaisir. A peine Marie et Domingue les apercevoient de cette hauteur, sur le
chemin des Pamplemousses, qu'ils accouroient
jusqu'au bas de la montagne, pour les aider à
la remonter. Elles lisoient dans les yeux de leurs
esclaves, la joie qu'ils avoient de les revoir. Elles
trouvoient chez elles, la propreté, la liberté, des
biens qu'elles ne devoient qu'à leurs propres
travaux, et des serviteurs pleins de zèle et d'affection. Elles-mêmes, unies par les mêmes besoins, ayant éprouvé des maux presque semblables, se donnant les doux noms d'amie,

de compagne et de sœur, n'avoient qu'une
volonté, qu'un intérêt, qu'une table. Tout
entre elles étoit commun. Seulement, si d'anciens feux plus vifs que ceux de l'amitié se réveilloient dans leur ame, une religion pure,
aidée par des mœurs chastes, les dirigeoit vers
une autre vie, comme la flamme qui s'envole
vers le ciel lorsqu'elle n'a plus d'aliment sur la
terre.

Les devoirs de la nature ajoutoient encore au
bonheur de leur société. Leur amitié mutuelle
redoubloit à la vue de leurs enfans, fruits d'un
amour également infortuné. Elles prenoient
plaisir à les mettre ensemble dans le même
bain, et à les coucher dans le même berceau.
Souvent elles les changeoient de lait. « Mon
« amie, disoit madame de la Tour, chacune de
« nous aura deux enfans, et chacun de nos en-
« fans aura deux mères. » Comme deux bourgeons qui restent sur deux arbres de la même
espèce, dont la tempête a brisé toutes les branches, viennent à produire des fruits plus doux,
si chacun d'eux, détaché du tronc maternel, est
greffé sur le tronc voisin ; ainsi ces deux petits
enfans, privés de tous leurs parens, se remplissoient de sentimens plus tendres que ceux de fils
et de fille, de frère et de sœur, quand ils ve-

noient à être changés de mamelles par les deux
amies qui leur avoient donné le jour. Déjà leurs
mères parloient de leur mariage sur leurs berceaux, et cette perspective de félicité conjugale,
dont elles charmoient leurs propres peines, finissoit bien souvent par les faire pleurer; l'une
se rappelant que ses maux étoient venus d'avoir
négligé l'hymen, et l'autre d'en avoir subi les
lois; l'une, de s'être élevée au dessus de sa condition, et l'autre, d'en être descendue; mais
elles se consoloient en pensant qu'un jour leurs
enfans, plus heureux, jouiroient à-la-fois, loin
des cruels préjugés de l'Europe, des plaisirs de
l'amour et du bonheur de l'égalité.

Rien, en effet, n'étoit comparable à l'attache-
ment qu'ils se témoignoient déja. Si Paul venoit
à se plaindre, on lui montroit Virginie; à sa
vue, il sourioit et s'appaisoit. Si Virginie souf-
froit, on en étoit averti par les cris de Paul;
mais cette aimable fille dissimuloit aussitôt son
mal, pour qu'il ne souffrit pas de sa douleur. Je
n'arrivois point de fois ici, que je ne les visse
tous deux tout nus, suivant la coutume du pays,
pouvant à peine marcher, se tenant ensemble
par les mains et sous les bras, comme on représente la constellation des Gémeaux. La nuit
même ne pouvoit les séparer : elle les surprenoit

souvent couchés dans le même berceau, joue contre joue, poitrine contre poitrine, les mains passées mutuellement autour de leurs cous, et endormis dans les bras l'un de l'autre.

Lorsqu'ils surent parler, les premiers noms qu'ils apprirent à se donner, furent ceux de frère et de sœur. L'enfance, qui connoit des caresses plus tendres, ne connoit point de plus doux noms. Leur éducation ne fit que redoubler leur amitié, en la dirigeant vers leurs besoins réciproques. Bientôt tout ce qui regarde l'économie, la propreté, le soin de préparer un repas champêtre, fut du ressort de Virginie, et ses travaux étoient toujours suivis des louanges et des baisers de son frère. Pour lui, toujours en action, il bêchoit le jardin avec Domingue, ou, une petite hache à la main, il le suivoit dans les bois; et si, dans ces courses, une belle fleur, un bon fruit ou un nid d'oiseaux se présentoient à lui, eussent-ils été au haut d'un arbre, il l'escaladoit pour les apporter à sa sœur.

Quand on en rencontroit un quelque part, on étoit sûr que l'autre n'étoit pas loin. Un jour que je descendois du sommet de cette montagne, j'aperçus, à l'extrémité du jardin, Virginie qui accouroit vers la maison, la tête couverte de son jupon qu'elle avoit relevé par derrière, pour se mettre à l'abri d'une ondée de pluie. De loin, je la crus seule; et m'étant avancé vers elle pour l'aider à marcher, je vis qu'elle tenoit Paul par le bras, enveloppé presque en entier de la même couverture, riant l'un et l'autre d'être ensemble à l'abri sous un parapluie de leur invention. Ces deux têtes charmantes, renfermées sous ce jupon bouffant, me rappelèrent les enfans de Léda, enclos dans la même coquille.

Toute leur étude étoit de se complaire et de s'entre-aider. Au reste, ils étoient ignorans comme des Créoles, et ne savoient ni lire ni écrire. Ils ne s'inquiétoient pas de ce qui s'étoit passé dans des temps reculés et loin d'eux; leur curiosité ne s'étendoit pas au-delà de cette montagne. Ils croyoient que le monde finissoit où finissoit leur île; et ils n'imaginoient rien d'aimable où ils n'étoient pas. Leur affection mutuelle et celle de leurs mères, occupoient toute l'activité de leurs ames. Jamais des sciences inutiles n'avoient fait couler leurs larmes; jamais les leçons d'une triste morale ne les avoient remplis d'ennui. Ils ne savoient pas qu'il ne faut pas dérober, tout chez eux étant commun; ni être intempérant, ayant à discrétion des mets simples; ni menteur, n'ayant aucune vérité à dissimuler. On ne les avoit jamais effrayés, en

leur disant que Dieu réserve des punitions terribles aux enfans ingrats; chez eux, l'amitié filiale
étoit née de l'amitié maternelle. On ne leur
avoit appris de la religion, que ce qui la fait aimer; et s'ils n'offroient pas à l'église de longues
prières, par-tout où ils étoient, dans la maison,
dans les champs, dans les bois, ils levoient vers
le ciel des mains innocentes et un cœur plein de
l'amour de leurs parens.

Ainsi se passa leur première enfance, comme
une belle aube qui annonce un plus beau jour.
Déja ils partageoient avec leurs mères tous les
soins du ménage. Dès que le chant du coq an-
nonçoit le retour de l'aurore, Virginie se levoit,
alloit puiser de l'eau à la source voisine, et rentroit dans la maison pour préparer le déjeûné.
Bientôt après, quand le soleil doroit les pitons
de cette enceinte, Marguerite et son fils se rendoient chez madame de la Tour : alors ils com-
mençoient tous ensemble une prière, suivie du
premier repas; souvent ils le prenoient devant
la porte, assis sur l'herbe sous un berceau de bananiers, qui leur fournissoient à-la-fois des mets
tout préparés dans leurs fruits substantiels, et
du linge de table dans leurs feuilles longues et
lustrées. Une nourriture saine et abondante développoit rapidement les corps de ces deux jeu-

nes gens, et une éducation douce peignoit dans
leur physionomie la pureté et le contentement
de leur ame. Virginie n'avoit que douze ans;
déja sa taille étoit plus qu'à demi formée : de
grands cheveux blonds ombrageoient sa tête; ses
yeux bleus et ses lèvres de corail brilloient du
plus tendre éclat sur la fraîcheur de son visage.
Ils sourioient toujours de concert quand elle
parloit; mais quand elle gardoit le silence, leur
obliquité naturelle vers le ciel leur donnoit une
expression d'une sensibilité extrême, et même
celle d'une légère mélancolie. Pour Paul, on
voyoit déja se développer en lui le caractère
d'un homme au milieu des graces de l'adoles-
cence. Sa taille étoit plus élevée que celle de
Virginie, son teint plus rembruni, son nez plus
aquilin, et ses yeux, qui étoient noirs, auroient
eu un peu de fierté, si les longs cils qui rayonnoient autour comme des pinceaux, ne leur
avoient donné la plus grande douceur. Quoiqu'il
fût toujours en mouvement, dès que sa sœur
paroissoit, il devenoit tranquille, et alloit s'asseoir auprès d'elle. Souvent leur repas se passoit
sans qu'ils se dissent un mot. A leur silence, à
la naïveté de leurs attitudes, à la beauté de leurs
pieds nus, on eût cru voir un groupe antique de
marbre blanc, représentant quelques-uns des

enfans de Niobé; mais à leurs regards qui cherchoient à se rencontrer, à leurs sourires rendus
par de plus doux sourires, on les eût pris pour
ces enfans du ciel, pour ces esprits bienheureux,
dont la nature est de s'aimer, et qui n'ont pas
besoin de rendre le sentiment par des pensées,
et l'amitié par des paroles.

Cependant, madame de la Tour voyant sa
fille se développer avec tant de charmes, sentoit
augmenter son inquiétude avec sa tendresse.
Elle me disoit quelquefois : « Si je venois à
« mourir, que deviendroit Virginie sans for-
« tune? »

Elle avoit en France une tante, fille de qualité, riche, vieille et dévote, qui lui avoit refusé
si durement des secours, lorsqu'elle se fut mariée à M. de la Tour, qu'elle s'étoit bien promis
de n'avoir jamais recours à elle, à quelque extrémité qu'elle fût réduite. Mais, devenue mère,
elle ne craignit plus la honte des refus. Elle
manda à sa tante la mort inattendue de son
mari, la naissance de sa fille, et l'embarras où
elle se trouvoit, loin de son pays, dénuée de
support, et chargée d'un enfant. Elle n'en reçut
point de réponse. Elle, qui étoit d'un caractère
élevé, ne craignit plus de s'humilier, et de s'exposer aux reproches de sa parente, qui ne lui

avoit jamais pardonné d'avoir épousé un homme
sans naissance, quoique vertueux. Elle lui écri-
voit donc par toutes les occasions, afin d'exciter
sa sensibilité en faveur de Virginie. Mais bien
des années s'étoient écoulées, sans recevoir
d'elle aucune marque de souvenir.

Enfin en 1738, trois ans après l'arrivée de
M. de la Bourdonnais dans cette île, madame de
la Tour apprit que ce gouverneur avoit à lui re-
mettre une lettre de la part de sa tante. Elle
courut au Port-Louis, sans se soucier, cette
fois, d'y paroître mal vêtue, la joie maternelle la
mettant au dessus du respect humain. M. de la
Bourdonnais lui donna en effet une lettre de sa
tante. Celle-ci mandoit à sa nièce, qu'elle avoit
mérité son sort, pour avoir épousé un aventu-
rier, un libertin; que les passions portoient
avec elles leur punition; que la mort prématurée de son mari étoit un juste châtiment de
Dieu; qu'elle avoit bien fait de passer aux îles,
plutôt que de déshonorer sa famille en France;
qu'elle étoit, après tout, dans un bon pays, où
tout le monde faisoit fortune, excepté les pares-
seux. Après l'avoir ainsi blâmée, elle finissoit
par se louer elle-même. Pour éviter, disoit-elle,
les suites presque toujours funestes du mariage,
elle avoit toujours refusé de se marier. La vérité

est, qu'étant ambitieuse, elle n'avoit voulu épouser qu'un homme de grande qualité; mais, quoiqu'elle fût très-riche, et qu'à la cour on soit indifférent à tout, excepté à la fortune, il ne
s'étoit trouvé personne qui eût voulu s'allier à
une fille aussi laide, et à un cœur aussi dur.

Elle ajoutoit par post-scriptum, que toute considération faite, elle l'avoit fortement recommandée à M. de la Bourdonnais. Elle l'avoit en
effet recommandée, mais suivant un usage bien
commun aujourd'hui, qui rend un protecteur
plus à craindre qu'un ennemi déclaré : afin de
justifier auprès du gouverneur sa dureté pour sa
nièce, en feignant de la plaindre, elle l'avoit ca-
lomniée.

Madame de la Tour, que tout homme indifférent n'eût pu voir sans intérêt et sans respect,
fut reçue avec beaucoup de froideur par M. de la
Bourdonnais, prévenu contre elle. Il ne répondit
à l'exposé qu'elle lui fit de sa situation et de
celle de sa fille, que par de durs monosyllabes.
« Je verrai;... nous verrons ;... avec le temps :.....
« il y a bien des malheureux..... Pourquoi in-
« disposer une tante respectable ?.... C'est vous
« qui avez tort. »

Madame de la Tour retourna à l'habitation, le
cœur navré de douleur et plein d'amertume. En

arrivant, elle s'assit, jeta sur la table la lettre de
sa tante, et dit à son amie : « Voilà le fruit de
« onze ans de patience. » Mais comme il n'y avoit
que madame de la Tour qui sût lire dans la société, elle reprit la lettre, et en fit la lecture devant toute la famille rassemblée. A peine étoit-
elle achevée, que Marguerite lui dit avec vivacité :
« Qu'avons-nous besoin de tes parens? Dieu
« nous a-t-il abandonnées? c'est lui seul qui est
« notre père? N'avons-nous pas vécu heureuses
« jusqu'à ce jour? Pourquoi donc te chagriner?
« Tu n'as point de courage. » Et voyant madame
de la Tour pleurer, elle se jeta à son cou, et la
serrant dans ses bras : « Chère amie, s'écria-
« t-elle, chère amie ! » Mais ses propres sanglots
étouffèrent sa voix. A ce spectacle, Virginie fon-
dant en larmes, pressoit alternativement les
mains de sa mère et celles de Marguerite contre
sa bouche et contre son cœur; et Paul, les yeux
enflammés de colère, crioit, serroit les poings,
frappoit du pied, ne sachant à qui s'en prendre.
A ce bruit, Domingue et Marie accoururent, et
l'on n'entendit plus dans la case que ces cris de
douleur : « Ah, Madame !.... ma bonne maî-
« tresse !.... ma mère !.... ne pleurez pas. » De si
tendres marques d'amitié dissipèrent le chagrin
de madame de la Tour. Elle prit Paul et Virginie

dans ses bras, et leur dit d'un air content : « Mes
« enfants, vous êtes cause de ma peine, mais
« vous faites toute ma joie, Oh! mes chers en-
« fans, le malheur ne m'est venu que de loin ; le
« bonheur est autour de moi. » Paul et Virginie
ne la comprirent pas, mais quand ils la virent
tranquille, ils sourirent, et se mirent à la caresser.
Ainsi ils continuèrent tous à être heureux, et ce
ne fut qu'un orage au milieu d'une belle saison.

Le bon naturel de ces enfants se développoit
de jour en jour. Un dimanche, au lever de l'aurore, leurs mères étant allées à la première messe
à l'église des Pamplemousses, une négresse maronne se présenta sous les bananiers qui entou-
roient leur habitation. Elle étoit décharnée
comme un squelette, et n'avoit pour vêtement
qu'un lambeau de serpillière autour des reins.
Elle se jeta aux pieds de Virginie, qui pré-
paroit le déjeuné de la famille, et lui dit :
« Ma jeune demoiselle, ayez pitié d'une pauvre
« esclave fugitive; il y a un mois que j'erre dans
« ces montagnes demi-morte de faim, souvent
« poursuivie par des chasseurs et par leurs chiens.
« Je fuis mon maître, qui est un riche habitant
« de la Rivière-noire. Il m'a traitée comme vous
« le voyez. » En même temps, elle lui montra
son corps sillonné de cicatrices profondes, par

les coups de fouet qu'elle en avoit reçus. Elle ajouta : « Je voulois aller me noyer; mais sa- « chant que vous demeuriez ici, j'ai dit : Puis- « qu'il y a encore de bons blancs dans ce pays, il « ne faut pas encore mourir. » Virginie, toute émue, lui répondit : « Rassurez-vous, infortu- « née créature ! Mangez, mangez; » et elle lui donna le déjeuné de la maison, qu'elle avoit ap- prêté. L'esclave, en peu de momens, le dévora tout entier. Virginie, la voyant rassasiée, lui dit: « Pauvre misérable! j'ai envie d'aller demander « votre grace à votre maître; en vous voyant, il « sera touché de pitié. Voulez-vous me conduire « chez lui? — Ange de Dieu, repartit la négresse, « je vous suivrai partout où vous voudrez. » Virginie appela son frère, et le pria de l'accom- pagner. L'esclave maronne les conduisit par des sentiers, au milieu des bois, à travers de hautes montagnes qu'ils grimpèrent avec bien de la peine, et de larges rivières qu'ils passèrent à gué. Enfin, vers le milieu du jour, ils arrivèrent au bas d'un morne, sur les bords de la Rivière- noire. Ils aperçurent là une maison bien bâtie, des plantations considérables, et un grand nom- bre d'esclaves occupés à toutes sortes de travaux. Leur maître se promenoit au milieu d'eux, une pipe à la bouche et un rotin à la main. C'étoit

un grand homme sec, olivâtre, aux yeux enfon-
cés et aux sourcils noirs et joints. Virginie, toute
émue, tenant Paul par le bras, s'approcha de
l'habitant, et le pria, pour l'amour de Dieu, de
pardonner à son esclave, qui étoit à quelques pas
de là derrière eux. D'abord l'habitant ne fit pas
grand compte de ces deux enfans pauvrement
vêtus; mais quand il eut remarqué la taille élégante de Virginie, sa belle tête blonde sous une
capote bleue, et qu'il eut entendu le doux son de
sa voix qui trembloit, ainsi que tout son corps,
en lui demandant grâce, il ôta sa pipe de sa bouche, et levant son rotin vers le ciel, il jura par
un affreux serment, qu'il pardonnoit à son esclave, non pas pour l'amour de Dieu, mais pour
l'amour d'elle. Virginie aussitôt fit signe à l'esclave de s'avancer vers son maître, puis elle s'en-
fuit, et Paul courut après elle.

Ils remontèrent ensemble le revers du morne
par où ils étoient descendus, et parvenus à son
sommet, ils s'assirent sous un arbre, accablés de
lassitude, de faim et de soif. Ils avoient fait à
jeun plus de cinq lieues depuis le lever du soleil.
Paul dit à Virginie: « Ma sœur, il est plus de
« midi; tu as faim et soif; nous ne trouverons
« point ici à dîner; redescendons le morne et al-
« lons demander à manger au maître de l'es-

« clave. — Oh non, mon ami, reprit Virginie, il
« m'a fait trop de peur. Souviens-toi de ce que
« dit quelquefois maman : Le pain du méchant
« remplit la bouche de gravier. — Comment fe-
« rons-nous donc? dit Paul; ces arbres ne pro-
« duisent que de mauvais fruits. Il n'y a pas seu-
« lement ici un tamarin ou un citron pour te ra-
« fraîchir. — Dieu aura pitié de nous, reprit
« Virginie; il exauce la voix des petits oiseaux
« qui lui demandent de la nourriture. » A peine
avoit-elle dit ces mots, qu'ils entendirent le bruit
d'une source qui tomboit d'un rocher voisin. Ils
y coururent, et après s'être désaltérés avec ses
eaux plus claires que le cristal, ils cueillirent et
mangèrent un peu de cresson qui croissoit sur
ses bords. Comme ils regardoient de côté et
d'autre s'ils ne trouveroient pas quelque nourriture plus solide, Virginie aperçut, parmi les arbres de la forêt, un jeune palmiste. Le chou que
la cime de cet arbre renferme au milieu de ses
feuilles, est un fort bon manger; mais quoique
sa tige ne fût pas plus grosse que la jambe, elle
avoit plus de soixante pieds de hauteur. A la vérité, le bois de cet arbre n'est formé que d'un
paquet de filamens; mais son aubier est si dur,
qu'il fait rebrousser les meilleures haches, et
Paul n'avoit pas même un couteau. L'idée lui

vint de mettre le feu au pied de ce palmiste: autre embarras; il n'avoit point de briquet, et
d'ailleurs, dans cette île si couverte de rochers,
je ne crois pas qu'on puisse trouver une seule
pierre à fusil. La nécessité donne de l'industrie,
et souvent les inventions les plus utiles, ont été
dues aux hommes les plus misérables. Paul résolut d'allumer du feu à la manière des noirs.
Avec l'angle d'une pierre, il fit un petit trou sur
une branche d'arbre bien sèche, qu'il assujettit
sous ses pieds; puis, avec le tranchant de cette
pierre, il fit une pointe à un autre morceau de
branche également sèche, mais d'une espèce de
bois différent. Il posa ensuite ce morceau de bois
pointu dans le petit trou de la branche qui étoit
sous ses pieds, et le faisant rouler rapidement entre ses mains, comme on roule un moulinet dont
on veut faire mousser du chocolat, en peu de
momens il vit sortir du point de contact, de la
fumée et des étincelles. Il ramassa des herbes
sèches et d'autres branches d'arbres, et mit le
feu au pied du palmiste, qui, bientôt après,
tomba avec un grand fracas. Le feu lui servit
encore à dépouiller le chou de l'enveloppe de ses
longues feuilles ligneuses et piquantes. Virginie
et lui mangèrent une partie de ce chou crue, et
l'autre cuite sous la cendre, et ils les trouvèrent

également savoureuses. Ils firent ce repas frugal rempli de joie, par le souvenir de la bonne action qu'ils avoient faite le matin; mais cette joie étoit troublée par l'inquiétude où ils se doutoient bien que leur longue absence de la maison jetteroit leurs mères. Virginie revenoit souvent sur cet objet; cependant Paul, qui sentoit ses forces rétablies, l'assura qu'ils ne tarderoient pas à tranquilliser leurs parens.

Après dîné, ils se trouvèrent bien embarrassés; car ils n'avoient plus de guide pour les reconduire chez eux. Paul, qui ne s'étonnoit de rien, dit à Virginie : « Notre case est vers le soleil du « milieu du jour; il faut que nous passions, « comme ce matin, par-dessus cette montagne « que tu vois là-bas avec ses trois pitons. Allons, « marchons, mon amie. » Cette montagne étoit celle des Trois-mamelles (1), ainsi nommée.

---

(1) Il y a beaucoup de montagnes dont les sommets sont arrondis en forme de mamelles, et qui en portent le nom dans toutes les langues. Ce sont en effet de véritables mamelles; car ce sont d'elles que découlent beaucoup de rivières et de ruisseaux, qui répandent l'abondance sur la terre. Elles sont les sources des principaux fleuves qui l'arrosent, et elles fournissent constamment à leurs eaux, en attirant sans cesse les nuages autour du piton de rocher qui les surmonte à leur centre comme un mamelon. Nous avons indiqué ces prévoyances admirables de la nature dans nos études précédentes.

parce que ses trois pitons en ont la forme. Ils
descendirent donc le morne de la Rivière-noire
du côté du nord, et arrivèrent après une heure
de marche, sur les bords d'une large rivière qui
barroit leur chemin. Cette grande partie de l'île,
toute couverte de forêts, est si peu connue, même
aujourd'hui, que plusieurs de ses rivières et de
ses montagnes n'y ont pas encore de nom. La
rivière sur le bord de laquelle ils étoient, coule
en bouillonnant sur un lit de roches. Le bruit de
ses eaux effraya Virginie; elle n'osa y mettre les
pieds pour la passer à gué. Paul alors prit Virginie sur son dos, et passa, ainsi chargé, sur les
roches glissantes de la rivière malgré le tumulte
de ses eaux. « N'aie pas peur, lui disoit-il; je me
« sens bien fort avec toi. Si l'habitant de la Ri-
« vière-noire t'avoit refusé la grace de son es-
« clave, je me serois battu avec lui. — Comment,
« dit Virginie, avec cet homme si grand et si
« méchant? A quoi t'ai-je exposé? Mon Dieu!
« qu'il est difficile de faire le bien! il n'y a que
« le mal de facile à faire. » Quand Paul fut sur le
rivage, il voulut continuer sa route chargé de sa
sœur, et il se flattoit de monter ainsi la montagne des Trois-mamelles, qu'il voyoit devant
lui à une demi-lieue de là; mais bientôt les forces lui manquèrent, et il fut obligé de la mettre

à terre, et de se reposer auprès d'elle. Virginie lui dit alors : « Mon frère, le jour baisse; tu as en-« core des forces, et les miennes me manquent; « laisse-moi ici, et retourne seul à notre case, « pour tranquilliser nos mères. — Oh! non, dit « Paul, je ne te quitterai pas. Si la nuit nous « surprend dans ces bois, j'allumerai du feu, « j'abattrai un palmiste, tu en mangeras le chou, « et je ferai avec ses feuilles un ajoupa pour te « mettre à l'abri. » Cependant Virginie s'étant un peu reposée, cueillit sur le tronc d'un vieux arbre penché sur le bord de la rivière, de lon-gues feuilles de scolopendre qui pendoient de son tronc. Elle en fit des espèces de brodequins dont elle s'entoura les pieds, que les pierres des chemins avoient mis en sang: car, dans l'em-pressement d'être utile, elle avoit oublié de se chausser. Se sentant soulagée par la fraîcheur de ces feuilles, elle rompit une branche de bambou, et se mit en marche, en s'appuyant d'une main sur ce roseau, et de l'autre sur son frère.

Ils cheminoient ainsi doucement à travers les bois; mais la hauteur des arbres et l'épaisseur de leurs feuillages, leur firent bientôt perdre de vue la montagne des Trois-mamelles sur laquelle ils se dirigeoient, et même le soleil, qui étoit déja près de se coucher. Au bout de quelque temps,

ils quittèrent, sans s'en apercevoir, le sentier
frayé dans lequel ils avoient marché jusqu'alors,
et ils se trouvèrent dans un labyrinthe d'arbres,
de lianes et de roches, qui n'avoit plus d'issue.
Paul fit asseoir Virginie, et se mit à courir çà et
là, tout hors de lui, pour chercher un chemin
hors de ce fourré épais; mais il se fatigua en vain.
Il monta au haut d'un grand arbre, pour décou-
vrir au moins la montagne des Trois-mamelles;
mais il n'aperçut autour de lui que les cimes des
arbres, dont quelques-unes étoient éclairées par
les derniers rayons du soleil couchant. Cependant l'ombre des montagnes couvroit déjà les
forêts dans les vallées; le vent se calmoit, comme
il arrive au coucher du soleil; un profond silence
régnoit dans ces solitudes, et on n'y entendoit
d'autre bruit que le bramement des cerfs, qui
venoient chercher leur gîte dans ces lieux écar-
tés. Paul, dans l'espoir que quelque chasseur
pourroit l'entendre, cria alors de toute sa force :
« Venez, venez au secours de Virginie! » Mais
les seuls échos de la forêt répondirent à sa voix,
et répétèrent à plusieurs reprises : « Virginie.....
« Virginie. »

Paul descendit alors de l'arbre, accablé de fatigue et de chagrin : il chercha les moyens de
passer la nuit dans ce lieu; mais il n'y avoit ni

fontaine ni palmiste; ni même de branche de bois sec propre à allumer du feu. Il sentit alors, par son expérience, toute la foiblesse de ses ressources, et il se mit à pleurer. Virginie lui dit : « Ne pleure point, mon ami, si tu ne veux m'accabler de chagrin. C'est moi qui suis la cause « de toutes tes peines, et de celles qu'éprouvent « maintenant nos mères. Il ne faut rien faire, « pas même le bien, sans consulter ses parens. « Oh! j'ai été bien imprudente! » et elle se reprit à verser des larmes. Cependant elle dit à Paul : « Prions Dieu, mon frère, et il aura pitié « de nous. » A peine avoient-ils achevé leur prière, qu'ils entendirent un chien aboyer. « C'est, dit Paul, le chien de quelque chasseur « qui vient le soir tuer des cerfs à l'affût. » Peu après, les aboiemens du chien redoublèrent. « Il « me semble, dit Virginie, que c'est Fidèle, le « chien de notre case. Oui, je reconnais sa voix : « serions-nous si près d'arriver, et au pied de « notre montagne? » En effet, un moment après, Fidèle étoit à leurs pieds, aboyant, hurlant, gémissant et les accablant de caresses. Comme ils ne pouvoient revenir de leur surprise, ils aperçurent Domingue qui accouroit à eux. A l'arrivée de ce bon noir, qui pleurait de joie, ils se mirent aussi à pleurer, sans pouvoir lui dire un mot. Quand

Domingue eut repris ses sens : « O mes jeunes
« maîtres, leur dit-il, que vos mères ont d'in-
« quiétude ! comme elles ont été étonnées, quand
« elles ne vous ont plus trouvés au retour de la
« messe où je les accompagnois ! Marie, qui tra-
« vailloit dans un coin de l'habitation, n'a su
« nous dire où vous étiez allés. J'allois, je venois
« autour de l'habitation, ne sachant moi-même
« de quel côté vous chercher. Enfin j'ai pris vos
« vieux habits à l'un et à l'autre (1), je les ai fait
« flairer à Fidèle; et sur-le-champ, comme si ce
« pauvre animal m'eût entendu, il s'est mis à
« quêter sur vos pas. Il m'a conduit, toujours en
« remuant la queue, jusqu'à la Rivière-noire.
« C'est-là où j'ai appris d'un habitant, que vous
« lui aviez ramené une négresse maronne, et
« qu'il vous avoit accordé sa grace. Mais quelle
« grace ! il me l'a montrée attachée, avec une
« chaîne au pied, à un billot de bois, et avec un
« collier de fer à trois crochets autour du cou.
« De là Fidèle, toujours quêtant, m'a mené sur
« le morne de la Rivière-noire, où il s'est arrêté

(1) Ce trait de sagacité du noir Domingue et de son chien
Fidèle, ressemble beaucoup à celui du sauvage Téwénissa et
de son chien Oniah, rapporté par M. de Crevecœur, dans son
ouvrage plein d'humanité, intitulé : *Lettres d'un Cultivateur*
américain.

« encore, en aboyant de toute sa force : c'étoit
« sur le bord d'une source auprès d'un palmiste
« abattu et près d'un feu qui fumoit encore. En-
« fin il m'a conduit ici : nous sommes au pied
« de la montagne des Trois-mamelles, et il y a
« encore quatre bonnes lieues jusque chez nous.
« Allons, mangez et prenez des forces. » Il leur
présenta aussitôt un gâteau, des fruits et une
grande calebasse remplie d'une liqueur composée
d'eau, de vin, de jus de citron, de sucre et de
muscade, que leurs mères avoient préparée pour
les fortifier et les rafraîchir. Virginie soupira au
souvenir de la pauvre esclave, et des inquiétudes
de leurs mères. Elle répéta plusieurs fois : « Oh !
« qu'il est difficile de faire le bien ! » Pendant
que Paul et elle se rafraîchissoient, Domingue
alluma du feu, et ayant cherché dans les rochers
un bois tortu, qu'on appelle le bois de ronde, et
qui brûle tout verd, en jetant une grande
flamme, il en fit un flambeau qu'il alluma ; car
il étoit déjà nuit. Mais il éprouva un embarras
bien plus grand quand il fallut se mettre en route.
Paul et Virginie ne pouvoient plus marcher ;
leurs pieds étoient enflés et tout rouges. Domingue ne savoit s'il devoit aller bien loin de là leur
chercher du secours, ou passer dans ce lieu la
nuit avec eux. « Où est le temps, leur disoit-il,

« où je vous portois tous les deux à-la-fois dans
« mes bras? mais maintenant vous êtes grands,
« et je suis vieux. » Comme il étoit dans cette
perplexité, une troupe de noirs marons se fit
voir à vingt pas de là. Le chef de cette troupe
s'approchant de Paul et de Virginie, leur dit :
« Bons petits blancs, n'ayez pas peur; nous vous
« avons vus passer ce matin avec une négresse
« de la Rivière-noire; vous alliez demander sa
« grace à son mauvais maître. En reconnois-
« sance, nous vous reporterons chez vous sur nos
« épaules. » Alors il fit un signe, et quatre noirs
marons des plus robustes firent aussitôt un
brancard avec des branches d'arbres et des lianes, y placèrent Paul et Virginie, les mirent sur
leurs épaules; et Domingue marchant devant
eux avec son flambeau, ils se mirent en route,
aux cris de joie de toute la troupe qui les com-
bloit de bénédictions. Virginie attendrie, disoit
à Paul : « Oh, mon ami! jamais Dieu ne laisse
« un bienfait sans récompense. »

Ils arrivèrent vers le milieu de la nuit au pied
de leur montagne, dont les croupes étoient éclairées de plusieurs feux. A peine ils la montoient,
qu'ils entendirent des voix qui crioient : « Est-ce
« vous, mes enfans? » Ils répondirent avec les
noirs : « Oui, c'est nous! » et bientôt ils aperçu-

rent leurs mères et Marie qui venoient au devant d'eux avec des tisons flambans. « Malheu-
« reux enfans, dit madame de la Tour, d'où
« venez-vous? dans quelles angoisses vous nous
« avez jetées! — Nous venons, dit Virginie, de
« la Rivière-noire, demander la grace d'une pau-
« vre esclave maronne, à qui j'ai donné ce matin
« le déjeuné de la maison, parce qu'elle mouroit
« de faim; et voilà que les noirs marons nous
« ont ramenés. » Madame de la Tour embrassa
sa fille, sans pouvoir parler; et Virginie, qui
sentit son visage mouillé des larmes de sa mère,
lui dit : « Vous me payez de tout le mal que j'ai
« souffert! » Marguerite, ravie de joie, serroit
Paul dans ses bras, et lui disoit : « Et toi aussi,
« mon fils, tu as fait une bonne action. » Quand
elles furent arrivées dans leur case avec leurs enfans, elles donnèrent bien à manger aux noirs
marons, qui s'en retournèrent dans leurs bois,
en leur souhaitant toute sorte de prospérités.

Chaque jour étoit pour ces familles un jour de
bonheur et de paix. Ni l'envie, ni l'ambition ne
les tourmentoient. Elles ne désiroient point au
dehors une vaine réputation que donne l'intrigue,
et qu'ôte la calomnie; il leur suffisoit d'être à
elles-mêmes leurs témoins et leurs juges. Dans
cette île, où, comme dans toutes les colonies eu-

ropéennes, on n'est curieux que d'anecdotes ma-
lignes, leurs vertus et même leurs noms étoient
ignorés. Seulement, quand un passant demandoit sur le chemin des Pamplemousses, à quelques habitans de la plaine : « Qui est-ce qui de-
« meure là-haut dans ces petites cases? » ceux-
ci répondoient, sans les connoître : « Ce sont de
« bonnes gens. » Ainsi des violettes, sous des
buissons épineux, exhalent au loin leurs doux
parfums, quoiqu'on ne les voie pas.

Elles avoient banni de leurs conversations, la
médisance, qui, sous une apparence de justice,
dispose nécessairement le cœur à la haine ou à
la fausseté; car il est impossible de ne pas haïr
les hommes, si on les croit méchans, et de vivre
avec les méchans, si on ne leur cache sa haine
sous de fausses apparences de bienveillance.
Ainsi la médisance nous oblige d'être mal avec
les autres ou avec nous-mêmes. Mais, sans juger des hommes en particulier, elles ne s'entretenoient que des moyens de faire du bien à tous
en général, et quoiqu'elles n'en eussent pas le
pouvoir, elles en avoient une volonté perpé-
tuelle, qui les remplissoit d'une bienveillance
toujours prête à s'étendre au dehors. En vivant
donc dans la solitude, loin d'être sauvages, elles
étoient devenues plus humaines. Si l'histoire

scandaleuse de la société ne fournissoit point de matière à leurs conversations, celle de la nature les remplissoit de ravissement et de joie. Elles admiroient avec transport le pouvoir d'une providence qui, par leurs mains, avoit répandu au milieu de ces arides rochers, l'abondance, les graces, les plaisirs purs, simples et toujours renaissans.

Paul, à l'âge de douze ans, plus robuste et plus intelligent que les Européens à quinze, avoit embelli ce que le noir Domingue ne faisoit que cultiver. Il alloit avec lui dans les bois voisins, déraciner de jeunes plants de citronniers, d'orangers, de tamarins dont la tête ronde est d'un si beau vert, et d'attiers, dont le fruit est plein d'une crème sucrée qui a le parfum de la fleur d'orange. Il plantoit ces arbres, déjà grands, autour de cette enceinte. Il y avoit semé des graines d'arbres, qui, dès la seconde année, portent des fleurs ou des fruits, tels que l'agathis, où pendent tout autour, comme les cristaux d'un lustre, de longues grappes de fleurs blanches; le lilas de Perse, qui élève droit en l'air ses girandoles gris de lin; le papayer, dont le tronc sans branches, formé en colonne hérissée de melons verts, porte un chapiteau de larges feuilles semblables à celle du figuier.

Il y avoit planté encore des pepins et des noyaux de badamiers, de manguiers, d'avocats, de goyaviers, de jacqs et de jam-roses. La plupart de ces arbres donnoient déja à leur jeune maître, de l'ombrage et des fruits. Sa main laborieuse avoit répandu la fécondité jusque dans les lieux les plus stériles de cet enclos. Diverses espèces d'aloès, la raquette chargée de fleurs jaunes fouettées de rouge, les cierges épineux, s'élevoient sur les têtes noires des roches, et sembloient vouloir atteindre aux longues lianes, chargées de fleurs bleues ou écarlates, qui pendoient çà et là, le long des escarpemens de la montagne.

Il avoit disposé ces végétaux de manière qu'on pouvoit jouir de leur vue d'un seul coup-d'œil. Il avoit planté au milieu de ce bassin, les herbes qui s'élèvent peu, ensuite les arbrisseaux, puis les arbres moyens, et enfin les grands arbres, qui en bordoient la circonférence; de sorte que ce vaste enclos paroissoit de son centre, comme un amphithéâtre de verdure, de fruits et de fleurs renfermant des plantes potagères, des lisières de prairies, et des champs de riz et de blé. Mais en assujettissant ces végétaux à son plan, il ne s'étoit pas écarté de celui de la nature.

Guidé par ses indications, il avoit mis dans les lieux élevés, ceux dont les semences sont volatiles, et sur le bord des eaux, ceux dont les graines sont faites pour flotter. Ainsi, chaque végétal croissoit dans son site propre, et chaque site recevoit de son végétal sa parure naturelle. Les eaux qui descendent du sommet de ces rochers, formoient au fond du vallon, ici des fontaines, là de larges miroirs qui répétoient au milieu de la verdure, les arbres en fleurs, les rochers, et l'azur des cieux.

Malgré la grande irrégularité de ce terrain, toutes ces plantations étoient, pour la plupart, aussi accessibles au toucher qu'à la vue. A la vérité, nous l'aidions tous de nos conseils et de nos secours, pour en venir à bout. Il avoit pratiqué un sentier qui tournoit autour de ce bassin, et dont plusieurs rameaux venoient se rendre de la circonférence au centre. Il avoit tiré parti des lieux les plus raboteux, et accordé, par la plus heureuse harmonie, la facilité de la promenade avec l'aspérité du sol, et les arbres domestiques avec les sauvages. De cette énorme quantité de pierres roulantes qui embarrasse maintenant ces chemins, ainsi que la plupart du terrain de cette ile, il avoit formé çà et là des pyramides, dans les assises desquelles il avoit mêlé de la terre et des racines de rosiers, de poincillades et d'autres arbrisseaux qui se plaisent dans les roches. En peu de temps, ces pyramides sombres et brutes furent couvertes de verdure, ou de l'éclat des plus belles fleurs. Les ravins bordés de vieux arbres inclinés sur les bords, formoient des souterrains voûtés, inaccessibles à la chaleur, où l'on alloit prendre le frais pendant le jour. Un sentier conduisoit dans un bosquet d'arbres sauvages, au centre duquel croissoit, à l'abri des vents, un arbre domestique chargé de fruits. Là étoit une moisson, ici un verger. Par cette avenue, on apercevoit les maisons; par cette autre, les sommets inaccessibles de la montagne. Sous un bocage touffu de tatamaques entrelacés de lianes, on ne distinguoit en plein midi aucun objet : sur la pointe de ce grand rocher voisin, qui sort de la montagne, on découvroit tous ceux de cet enclos, avec la mer au loin, où apparoissoit quelquefois un vaisseau qui venoit de l'Europe, ou qui y retournoit. C'étoit sur ce rocher que ces familles se rassembloient le soir, et jouissoient en silence de la fraîcheur de l'air, du parfum des fleurs, du murmure des fontaines, et des dernières harmonies de la lumière et des ombres.

Rien n'étoit plus agréable que les noms donnés à la plupart des retraites charmantes de ce labyrinthe. Ce rocher dont je viens de vous parler, d'où l'on me voyoit venir de bien loin, s'appeloit la DÉCOUVERTE DE L'AMITIÉ. Paul et Virginie, dans leurs jeux, y avoient planté un bambou, au haut duquel ils élevoient un petit mouchoir blanc, pour signaler mon arrivée dès qu'ils m'apercevoient, ainsi qu'on élève un pavillon sur la montagne voisine, à la vue d'un vaisseau en mer. L'idée me vint de graver une inscription sur la tige de ce roseau. Quelque plaisir que j'aie eu dans mes voyages, à voir une statue ou un monument de l'antiquité, j'en ai encore davantage à lire une inscription bien faite. Il me semble alors qu'une voix humaine sorte de la pierre, se fasse entendre à travers les siècles, et s'adressant à l'homme au milieu des déserts, lui dise qu'il n'est pas seul, et que d'autres hommes, dans ces mêmes lieux, ont senti, pensé et souffert comme lui. Que si cette inscription est de quelque nation ancienne qui ne subsiste plus, elle étend notre ame dans les champs de l'infini, et lui donne le sentiment de son immortalité, en lui montrant qu'une pensée a survécu à la ruine même d'un empire.

J'écrivis donc sur le petit mât de pavillon de Paul et de Virginie, ces vers d'Horace :

..... Fratres Helenæ, lucida sidera,
Ventorumque regat pater,
Obstrictis aliis, præter Iapygi.

« Que les frères d'Hélène, astres charmans
« comme vous, et que le père des vents vous
« dirigent, et ne fassent souffler que le zé-
« phyre. »

Je gravai ce vers de Virgile sur l'écorce d'un tatamaque, à l'ombre duquel Paul s'asseyoit quelquefois pour regarder au loin la mer agitée.

Fortunatus et ille deos qui novit agrestes!

« Heureux, mon fils, de ne connoître que les
« divinités champêtres! »

Et cet autre, au dessus de la porte de la cabane de madame de la Tour, qui étoit leur lieu d'assemblée :

At secura quies, et nescia fallere vita.

« Ici est une bonne conscience, et une vie
« qui ne sait pas tromper. »

Mais Virginie n'approuvoit point mon latin : elle disoit que ce que j'avois mis au pied de sa girouette étoit trop long et trop savant. « J'eusse

« mieux aimé, ajoutoit-elle : « TOUJOURS AGITÉE,
« MAIS CONSTANTE. — Cette devise, lui répondis-
« je, conviendroit encore mieux à la vertu. » Ma
réflexion la fit rougir.

Ces familles heureuses étendoient leurs ames
sensibles à tout ce qui les environnoit. Elles
avoient donné les noms les plus tendres aux objets en apparence les plus indifférens. Un cercle
d'orangers, de bananiers et de jam-roses plantés
autour d'une pelouse, au milieu de laquelle Virginie et Paul alloient quelquefois danser, se
nommoit LA CONCORDE. Un vieux arbre, à l'ombre duquel madame de la Tour et Marguerite
s'étoient raconté leurs malheurs, s'appeloit LES
PLEURS ESSUYÉS. Elles faisoient porter les noms
de BRETAGNE et de NORMANDIE, à de petites portions de terre où elles avoient semé du blé, des
fraises et des pois. Domingue et Marie désirant,
à l'imitation de leurs maîtresses, se rappeler les
lieux de leur naissance en Afrique, appeloient
ANGOLA et FOULLEPOINTE, deux endroits où
croissoit l'herbe dont ils faisoient des paniers,
et où ils avoient planté un calebassier. Ainsi,
par ces productions de leurs climats, ces familles expatriées entretenoient les douces illusions
de leur pays, et en calmoient les regrets dans
une terre étrangère. Hélas! j'ai vu s'animer de

4

mille appellations charmantes, les arbres, les
fontaines, les rochers de ce lieu maintenant si
bouleversé, et qui, semblable à un champ de la
Grèce, n'offre plus que des ruines et des noms
touchans.

Mais de tout ce que renfermoit cette enceinte,
rien n'étoit plus agréable que ce qu'on appeloit
le REPOS DE VIRGINIE. Au pied du rocher la DÉ-
COUVERTE DE L'AMITIÉ, est un enfoncement d'où
sort une fontaine, qui forme, dès sa source, une
petite flaque d'eau, au milieu d'un pré d'une
herbe fine. Lorsque Marguerite eut mis Paul au
mond je lui fis présent d'un coco des Indes
qu'on m'avoit donné. Elle planta ce fruit sur le
bord de cette flaque d'eau, afin que l'arbre qu'il
produiroit servit un jour d'époque à la naissance
de son fils. Madame de la Tour, à son exemple,
y en planta un autre, dans une semblable intention, dès qu'elle eut accouché de Virginie. Il
naquit de ces deux fruits, deux cocotiers qui
formoient toutes les archives de ces deux familles; l'un se nommoit l'arbre de Paul, et l'autre, l'arbre de Virginie. Ils crûrent tous deux,
dans la même proportion que leurs jeunes maîtres, d'une hauteur un peu inégale, mais qui
surpassoit au bout de douze ans celle de leurs
cabanes. Déja ils entrelaçoient leurs palmes, et

laissoient pendre leurs jeunes grappes de cocos, au dessus du bassin de la fontaine. Excepté cette plantation, on avoit laissé cet enfoncement du rocher tel que la nature l'avoit orné. Sur ses flancs bruns et humides, rayonnoient en étoiles vertes et noires, de larges capillaires, et flottoient au gré des vents des touffes de scolopendre, suspendues comme de longs rubans d'un vert pourpré. Près de là croissoient des lisières de pervenche, dont les fleurs sont presque semblables à celles de la girofflée rouge, et des pimens, dont les gousses couleur de sang, sont plus éclatantes que le corail. Aux environs, l'herbe de baume, dont les feuilles sont en cœur, et les basilics à odeur de girofle, exhaloient les plus doux parfums. Du haut de l'escarpement de la montagne, pendoient des lianes semblables à des draperies flottantes, qui formoient sur les flancs des rochers de grandes courtines de verdure. Les oiseaux de mer, attirés par ces retraites paisibles, y venoient passer la nuit. Au coucher du soleil, on y voyoit voler le long des rivages de la mer, le corbigeau et l'alouette marine, et au haut des airs, la noire frégate, avec l'oiseau blanc du tropique, qui abandonnoient, ainsi que l'astre du jour, les solitudes de l'océan indien. Virginie aimoit à se

reposer sur les bords de cette fontaine, décorée
d'une pompe à-la-fois magnifique et sauvage.
Souvent elle y venoit laver le linge de la famille,
à l'ombre des deux cocotiers. Quelquefois elle y
menoit paître ses chèvres. Pendant qu'elle pré-
paroit des fromages avec leur lait, elle se plaisoit à leur voir brouter les capillaires sur les
flancs escarpés de la roche, et se tenir en l'air
sur une de ses corniches, comme sur un pié-
destal. Paul, voyant que ce lieu étoit aimé de
Virginie, y apporta de la forêt voisine, des nids
de toute sorte d'oiseaux. Les pères et les mères
de ces oiseaux suivirent leurs petits, et vinrent
s'établir dans cette nouvelle colonie. Virginie
leur distribuoit de temps en temps des grains
de riz, de maïs et de millet. Dès qu'elle paroissoit, les merles siffleurs, les bengalis, dont le
ramage est si doux, les cardinaux, dont le plu-
mage est couleur de feu, quittoient leurs buissons : des perruches vertes comme des émerau-
des, descendoient des lataniers voisins; des
perdrix accouroient sous l'herbe : tous s'avan-
çoient pêle-mêle jusqu'à ses pieds, comme des
poules. Paul et elle s'amusoient avec transport
de leurs jeux, de leurs appétits et de leurs
amours.

Aimables enfans, vous passiez ainsi dans l'in-

nocence vos premiers jours, en vous exerçant
aux bienfaits! Combien de fois dans ce lieu, vos
mères vous serrant dans leurs bras, bénissoient
le ciel de la consolation que vous prépariez à
leur vieillesse, et de vous voir entrer dans la vie
sous de si heureux auspices! Combien de fois, à
l'ombre de ces rochers, ai-je partagé avec elles
vos repas champêtres, qui n'avoient coûté la vie
à aucun animal! Des calebasses pleines de lait,
des œufs frais, des gâteaux de riz sur des feuilles
de bananier, des corbeilles chargées de patates,
de mangues, d'oranges, de grenades, de bananes,
d'attes, d'ananas, offroient à-la-fois les mets les
plus sains, les couleurs les plus gaies et les sucs
les plus agréables.

La conversation étoit aussi douce et aussi in-
nocente que ces festins. Paul y parloit souvent
des travaux du jour et de ceux du lendemain. Il
méditoit toujours quelque chose d'utile pour la
société. Ici, les sentiers n'étoient pas commo-
des; là, on étoit mal assis; ces jeunes berceaux
ne donnoient pas assez d'ombrage; Virginie seroit mieux là.

Dans la saison pluvieuse, ils passoient le jour
tous ensemble dans la case, maîtres et serviteurs,
occupés à faire des nattes d'herbes et des paniers
de bambou. On voyoit rangés dans le plus grand

ordre, aux parois de la muraille, des rateaux,
des haches, des bêches; et auprès de ces ins-
trumens de l'agriculture, les productions qui en
étaient les fruits, des sacs de riz, des gerbes de
blé, et des régimes de bananes. La délicatesse
s'y joignoit toujours à l'abondance. Virginie,
instruite par Marguerite et par sa mère, y prépa-
roit des sorbets et des cordiaux, avec le jus des
cannes à sucre, des citrons et des cédras.

La nuit venue, ils soupoient à la lueur d'une
lampe; ensuite, madame de la Tour ou Marguerite racontoit quelques histoires de voyageurs
égarés la nuit dans les bois de l'Europe infestés
de voleurs, ou le naufrage de quelque vaisseau
jeté par la tempête sur les rochers d'une ile déserte. A ces récits, les ames sensibles de leurs
enfans s'enflammoient: ils prioient le ciel de
leur faire la grace d'exercer quelque jour l'hospitalité envers de semblables malheureux. Cependant les deux familles se séparoient pour
aller prendre du repos, dans l'impatience de se
revoir le lendemain. Quelquefois elles s'endor-
moient au bruit de la pluie qui tomboit par torrens sur la couverture de leurs cases, ou à celui
des vents, qui leur apportoient le murmure
lointain des flots qui se brisoient sur le rivage.
Elles bénissoient Dieu de leur sécurité person-

nelle, dont le sentiment redoubloit par celui du danger éloigné.

De temps en temps, madame de la Tour lisoit publiquement quelque histoire touchante de l'ancien ou du nouveau testament. Ils raison-noient peu sur ces livres sacrés; car leur théo-logie étoit toute en sentiment, comme celle de la nature, et leur morale toute en action, comme celle de l'évangile. Ils n'avoient point de jours destinés aux plaisirs et d'autres à la tristesse. Chaque jour étoit pour eux un jour de fête, et tout ce qui les environnoit, un temple divin, où ils admiroient sans cesse une intelligence in-finie, toute-puissante, et amie des hommes. Ce sentiment de confiance dans le pouvoir suprême, les remplissoit de consolation pour le passé, de courage pour le présent, et d'espérance pour l'avenir. Voilà comme ces femmes, forcées par le malheur de rentrer dans la nature, avoient développé en elles-mêmes et dans leurs enfans, ces sentimens que donne la nature, pour nous empêcher de tomber dans le malheur.

Mais comme il s'élève quelquefois dans l'ame la mieux réglée des nuages qui la troublent, quand quelque membre de leur société parois-soit triste, tous les autres se réunissoient au-tour de lui, et l'enlevoient aux pensées amères,

plus par des sentimens que par des réflexions.
Chacun y employoit son caractère particulier :
Marguerite, une gaieté vive; madame de la
Tour, une théologie douce; Virginie, des caresses tendres; Paul, de la franchise et de la cordialité. Marie et Domingue même venoient à son
secours. Ils s'affligeoient, s'ils le voyoient affligé,
et ils pleuroient, s'ils le voyoient pleurer. Ainsi
des plantes foibles s'entrelacent ensemble, pour
résister aux ouragans.

Dans la belle saison ils alloient tous les di-
manches à la messe à l'église de Pamplemousses, dont vous voyez le clocher là-bas dans la
plaine. Il y venoit des habitans riches, en palanquin, qui s'empressèrent plusieurs fois de
faire la connoissance de ces familles si unies, et
de les inviter à des parties de plaisir. Mais elles
repoussèrent toujours leurs offres avec honnê-
teté et respect, persuadées que les gens puissans
ne recherchent les foibles que pour avoir des
complaisans, et qu'on ne peut être complaisant
qu'en flattant les passions d'autrui, bonnes et
mauvaises. D'un autre côté, elles n'évitoient pas
avec moins de soin, l'accointance des petits habitans, pour l'ordinaire jaloux, médisans et gros-
siers. Elles passèrent d'abord auprès des uns
pour timides, et auprès des autres pour fières;

mais leur conduite réservée étoit accompagnée
de marques de politesse si obligeantes, surtout
envers les misérables, qu'elles acquirent insensiblement le respect des riches et la confiance
des pauvres.

Après la messe, on venoit souvent les requé-
rir de quelque bon office. C'étoit une personne
affligée qui leur demandoit des conseils, ou un
enfant qui les prioit de passer chez sa mère malade, dans un des quartiers voisins. Elles portoient toujours avec elles quelques recettes utiles aux maladies ordinaires aux habitans, et
elles y joignoient la bonne grace, qui donne tant
de prix aux petits services. Elles réunissoient
sur-tout à bannir les peines de l'esprit, si into-
lérables dans la solitude et dans un corps infirme. Madame de la Tour parloit avec tant de
confiance de la Divinité, que le malade, en
l'écoutant, la croyoit présente. Virginie revenoit
bien souvent de là, les yeux humides de larmes,
mais le cœur rempli de joie; car elle avoit eu
l'occasion de faire du bien. C'étoit elle qui pré-
paroit d'avance les remèdes nécessaires aux ma-
lades, et qui les leur présentoit avec une grace
ineffable. Après ces visites d'humanité, elles
prolongeoient quelquefois leur chemin par la
vallée de la Montagne-longue, jusque chez moi,

où je les attendois à dîner, sur les bords de la petite rivière qui coule dans mon voisinage. Je me procurois, pour ces occasions, quelques bouteilles de vin vieux, afin d'augmenter la gaieté de nos repas indiens, par ces douces et cordiales productions de l'Europe. D'autres fois, nous nous donnions rendez-vous sur les bords de la mer, à l'embouchure de quelques autres petites rivières, qui ne sont guère ici que de grands ruisseaux. Nous y apportions de l'habitation, des provisions végétales que nous joignions à celles que la mer nous fournissoit en abondance. Nous pêchions sur ses rivages, des cabots, des polypes, des rougets, des langoustes, des chevrettes, des crabes, des oursins, des huitres et des coquillages de toute espèce. Les sites les plus terribles nous procuroient souvent les plaisirs les plus tranquilles. Quelquefois, assis sur un rocher, à l'ombre d'un veloutier, nous voyions les flots du large venir se briser à nos pieds avec un horrible fracas. Paul, qui nageoit d'ailleurs comme un poisson, s'avançoit quelquefois sur les récifs, au devant des lames; puis à leur approche, il fuyoit sur le rivage, devant leurs grandes volutes écumeuses et mugissantes, qui le poursuivoient bien avant sur la grève. Mais Virginie, à cette vue, jetoit des cris perçans, et disoit que ces jeux-là lui faisoient grand'peur.

Nos repas étoient suivis des chants et des danses de ces deux jeunes gens. Virginie chantoit le bonheur de la vie champêtre, et les malheurs des gens de mer, que l'avarice porte à naviguer sur un élément furieux, plutôt que de cultiver la terre, qui donne paisiblement tant de biens. Quelquefois, à la manière des noirs, elle exécutoit avec Paul une pantomime. La pantomime est le premier langage de l'homme; elle est connue de toutes les nations : elle est si naturelle et si expressive, que les enfans des blancs ne tardent pas à l'apprendre, dès qu'ils ont vu ceux des noirs s'y exercer. Virginie se rappelant, dans les lectures que lui faisoit sa mère, les histoires qui l'avoient le plus touchée, en rendoit les principaux événemens avec beaucoup de naïveté. Tantôt, au son du tamtam de Domingue, elle se présentoit sur la pelouse, portant une cruche sur sa tête; elle s'avançoit avec timidité à la source d'une fontaine voisine, pour y puiser de l'eau. Domingue et Marie, représentant les bergers de Madian, lui en défendoient l'approche, et feignoient de la repousser. Paul accouroit à son secours, battoit les bergers, remplissoit la cruche de Virginie, et en la lui

posant sur la tête, il lui mettoit en même temps
une couronne de fleurs rouges de pervenche qui
relevoit la blancheur de son teint. Alors, me
prêtant à leurs jeux, je me chargeois du person-
nage de Raguel, et j'accordois à Paul ma fille
Séphora en mariage.

Une autre fois, elle représentoit l'infortunée
Ruth, qui retourne veuve et pauvre dans son
pays, où elle se trouve étrangère après une
longue absence. Domingue et Marie contrefai-
soient les moissonneurs. Virginie feignoit de
glaner çà et là, sur leurs pas, quelques épis de
blé. Paul imitant la gravité d'un patriarche, l'interrogeoit; elle répondoit en tremblant à ses
questions. Bientôt ému de pitié, il accordoit un
asyle à l'innocence, et l'hospitalité à l'infortune.
Il remplissoit le tablier de Virginie de toutes
sortes de provisions, et l'amenoit devant nous,
comme devant les anciens de la ville, en décla-
rant qu'il la prenoit en mariage, malgré son in-
digence. Madame de la Tour, à cette scène, venant à se rappeler l'abandon où l'avoient laissée
ses propres parens, son veuvage, la bonne ré-
ception que lui avoit faite Marguerite, suivie
maintenant de l'espoir d'un mariage heureux entre leurs enfans, ne pouvoit s'empêcher de pleurer; et ce souvenir confus de maux et de biens,

nous faisoit verser à tous des larmes de douleur
et de joie.

Ces drames étoient rendus avec tant de vérité,
qu'on se croyoit transporté dans les champs de
la Syrie ou de la Palestine. Nous ne manquions
point de décorations, d'illuminations et d'or-
chestre convenables à ce spectacle. Le lieu de la
scène étoit, pour l'ordinaire, au carrefour d'une
forêt, dont les percés formoient autour de nous
plusieurs arcades de feuillage. Nous étions à leur
centre abrités de la chaleur pendant toute la
journée; mais quand le soleil étoit descendu à
l'horizon, ses rayons brisés par les troncs des
arbres, divergeoient dans les ombres de la forêt,
en longues gerbes lumineuses, qui produisoient
le plus majestueux effet. Quelquefois son disque
tout entier paroissoit à l'extrémité d'une avenue,
et la rendoit toute étincelante de lumière. Le
feuillage des arbres éclairés en dessous de ses
rayons safranés, brilloit des feux de la topaze et
de l'émeraude. Leurs troncs mousseux et bruns
paroissoient changés en colonnes de bronze antique, et les oiseaux déja retirés en silence sous
la sombre feuillée, pour y passer la nuit, surpris
de revoir une seconde aurore, saluoient tous à
la fois l'astre du jour par mille et mille chan-
sons.

La nuit nous surprenoit bien souvent dans
ces fêtes champêtres; mais la pureté de l'air, et
de la douceur du climat, nous permettoit de
dormir sous un ajoupa, au milieu des bois, sans
craindre d'ailleurs les voleurs, ni de près ni de
loin. Chacun, le lendemain, retournoit dans sa
case, et la retrouvoit dans l'état où il l'avoit
laissée. Il y avoit alors tant de bonne-foi et de
simplicité dans cette île sans commerce, que les
portes de beaucoup de maisons ne fermoient
point à la clef, et qu'une serrure étoit un objet
de curiosité pour plusieurs créoles.

Mais il y avoit dans l'année des jours qui
étoient, pour Paul et Virginie, des jours de plus
grande réjouissance; c'étoient les fêtes de leurs
mères. Virginie ne manquoit pas, la veille, de
pétrir et de cuire des gâteaux de farine de froment, qu'elle envoyoit à de pauvres familles de
blancs, nées dans l'île, qui n'avoient jamais
mangé de pain d'Europe, et qui, sans aucun secours de noirs, réduites à vivre de manioc au milieu des bois, n'avoient, pour supporter la pauvreté, ni la stupidité qui accompagne l'esclavage,
ni le courage qui vient de l'éducation. Ces gâteaux étoient les seuls présens que Virginie pût
faire de l'aisance de l'habitation; mais elle y joignoit une bonne grâce qui leur donnoit un

grand prix. D'abord, c'étoit Paul qui étoit chargé
de les porter lui-même à ces familles, et elles
s'engageoient, en les recevant, de venir le lendemain passer la journée chez madame de la
Tour et Marguerite. On voyoit alors arriver une
mère de famille avec deux ou trois misérables
filles, jaunes, maigres, et si timides qu'elles
n'osoient lever les yeux. Virginie les mettoit
bientôt à leur aise; elle leur servoit des rafraî-
chissemens dont elle relevoit la bonté par quelque circonstance particulière, qui en augmen-
toit selon elle l'agrément : cette liqueur avoit
été préparée par Marguerite, cette autre par sa
mère; son frère avoit cueilli lui-même ce fruit
au haut d'un arbre. Elle engageoit Paul à les
faire danser. Elle ne les quittoit point qu'elle ne
les vit contentes et satisfaites. Elle vouloit
qu'elles fussent joyeuses de la joie de sa famille.
« On ne fait son bonheur, disoit-elle, qu'en
« s'occupant de celui des autres. » Quand elles
s'en retournoient, elles les engageoit d'emporter
ce qui paroissoit leur avoir fait plaisir, couvrant
la nécessité d'agréer ses présens, du prétexte de
leur nouveauté ou de leur singularité. Si elle re-
marquoit trop de délabrement dans leurs habits,
elle choisissoit, avec l'agrément de sa mère,
quelques-uns des siens, et elle chargeoit Paul

d'aller secrètement les déposer à la porte de leurs cases. Ainsi elle faisoit le bien, à l'exemple de la divinité, cachant la bienfaitrice, et montrant le bienfait.

Vous autres Européens, dont l'esprit se remplit dès l'enfance, de tant de préjugés contraires au bonheur, vous ne pouvez concevoir que la nature puisse donner tant de lumières et de plaisirs. Votre ame circonscrite dans une petite sphère de connoissances humaines, atteint bientôt le terme de ses jouissances artificielles : mais la nature et le cœur sont inépuisables. Paul et Virginie n'avoient ni horloges, ni almanachs, ni livres de chronologie, d'histoire et de philosophie. Les périodes de leur vie se régloient sur celles de la nature. Ils connoissoient les heures du jour par l'ombre des arbres : les saisons, par les temps où ils donnent leurs fleurs ou leurs fruits, et les années par le nombre de leurs récoltes. Ces douces images répandoient les plus grands charmes dans leurs conversations. « Il est « temps de diner, disoit Virginie à la famille, « les ombres des bananiers sont à leurs pieds; » ou bien : « La nuit s'approche, les tamarins fer- « ment leurs feuilles. — Quand viendrez-vous « nous voir? lui disoient quelques amies du voi- « sinage. — Aux cannes de sucre, répondoit

« Virginie. — Votre visite nous sera encore plus
« douce et plus agréable, » reprenoient ces jeunes
filles. Quand on l'interrogeoit sur son âge et
sur celui de Paul : « Mon frère, disoit-elle, est
« de l'âge du grand cocotier de la fontaine, et
« moi de celui du plus petit. Les manguiers ont
« donné douze fois leurs fruits, et les orangers
« vingt-quatre fois leurs fleurs, depuis que je
« suis au monde. » Leur vie sembloit attachée
à celle des arbres, comme celle des faunes et des
dryades. Ils ne connoissoient d'autres époques
historiques que celles de la vie de leurs mères,
d'autre chronologie que celle de leurs vergers, et
d'autre philosophie que de faire du bien à tout le
monde, et de se résigner à la volonté de Dieu.

Après tout, qu'avoient besoin ces jeunes gens
d'être riches et savans à notre manière? leurs
besoins et leur ignorance ajoutoient encore à
leur félicité. Il n'y avoit point de jour qu'ils ne
se communiquassent quelques secours ou quelques lumières; oui, des lumières; et quand il
s'y seroit mêlé quelques erreurs, l'homme pur
n'en a point de dangereuses à craindre. Ainsi
croissoient ces deux enfants de la nature. Aucun
souci n'avoit ridé leur front, aucune intempé-
rance n'avoit corrompu leur sang, aucune passion malheureuse n'avoit dépravé leur cœur :

5

l'amour, l'innocence, la piété, développoient chaque jour la beauté de leur ame en graces ineffables, dans leurs traits, leurs attitudes et leurs mouvemens. Au matin de la vie, ils en avoient toute la fraîcheur : tels dans le jardin d'Eden parurent nos premiers parens, lorsque sortant des mains de Dieu, ils se virent, s'approchèrent, et conversèrent d'abord comme frère et comme sœur; Virginie, douce, modeste, confiante comme Eve; et Paul, semblable à Adam, ayant la taille d'un homme avec la simplicité d'un enfant.

Quelquefois seul avec elle (il me l'a mille fois raconté), il lui disoit au retour de ses travaux : « Lorsque je suis fatigué ta vue me délasse. « Quand du haut de la montagne, je t'aperçois « au fond de ce vallon,, tu me parois, au milieu « de nos vergers, comme un bouton de rose. Si « tu marches vers la maison de nos mères, la « perdrix qui court vers ses petits, a un corsage « moins beau et une démarche moins légère. « Quoique je te perde de vue à travers les arbres, « je n'ai pas besoin de te voir pour te retrouver; « quelque chose de toi que je ne puis dire, reste « pour moi dans l'air où tu passes, sur l'herbe « où tu t'assieds. Lorsque je t'approche, tu ravis « tous mes sens. L'azur du ciel est moins beau

« que le bleu de tes yeux ; le chant des benga-
« lis, moins doux que le son de ta voix. Si je te
« touche seulement du bout du doigt, tout mon
« corps frémit de plaisir. Souviens-toi du jour
« où nous passâmes à travers les cailloux roulans
« de la rivière des Trois-mamelles. En arrivant
« sur ses bords, j'étois déja bien fatigué ; mais
« quand je t'eus pris sur mon dos, il me sembloit
« que j'avois des ailes comme un oiseau. Dis-moi
« par quel charme tu as pu m'enchanter. Est-
« ce par ton esprit ? mais nos mères en ont plus
« que nous deux. Est-ce par tes caresses ? mais
« elles m'embrassent plus souvent que toi. Je
« crois que c'est par ta bonté. Je n'oublierai ja-
« mais que tu as marché nu-pieds jusqu'à la Ri-
« vière-noire, pour demander la grace d'une pau-
« vre esclave fugitive. Tiens, ma bien-aimée,
« prend cette branche fleurie de citronnier, que
« j'ai cueillie dans la forêt. Tu la mettras la nuit
« près de ton lit. Mange ce rayon de miel ; je
« l'ai pris pour toi au haut d'un rocher. Mais au-
« paravant, repose-toi sur mon sein, et je serai
« délassé. »

Virginie lui répondoit : « O mon frère ! les
« rayons du soleil au matin, au haut de ces ro-
« chers, me donnent moins de joie que ta pré-
« sence. J'aime bien ma mère, j'aime bien la

« tienne; mais quand elles t'appellent mon fils,
« je les aime encore davantage. Les caresses
« qu'elles te font, me sont plus sensibles que cel-
« les que j'en reçois. Tu me demandes pourquoi
« tu m'aimes. Mais tout ce qui a été élevé en-
« semble, s'aime. Vois nos oiseaux; élevés dans
« les mêmes nids, ils s'aiment comme nous; ils
« sont toujours ensemble comme nous. Écoute
« comme ils s'appellent et se répondent d'un ar-
« bre à l'autre. De même, quand l'écho me fait
« entendre les airs que tu joues sur ta flûte, au
« haut de la montagne, j'en répète les paroles au
« fond de ce vallon. Tu m'es cher, sur-tout de-
« puis le jour où tu voulois te battre pour moi
« contre le maitre de l'esclave. Depuis ce temps-
« là, je me suis dit bien des fois : Ah! mon frère
« a un bon cœur; sans lui, je serois morte d'ef-
« froi. Je prie Dieu tous les jours, pour ma mère,
« pour la tienne, pour toi, pour nos pauvres ser-
« viteurs; mais quand je prononce ton nom, il
« me semble que ma dévotion augmente. Je de-
« mande si instamment à Dieu qu'il ne t'arrive
« aucun mal! Pourquoi vas-tu si loin et si haut,
« me chercher des fruits et des fleurs? n'en
« avons-nous pas assez dans le jardin? Comme te
« voilà fatigué! tu es tout en nage. » Et avec son
petit mouchoir blanc, elle lui essuyoit le front

et les joues, et elle lui donnoit plusieurs baisers.

Cependant, depuis quelque temps, Virginie se
sentoit agitée d'un mal inconnu. Ses beaux yeux
bleus se marbroient de noir: son teint jaunis-
soit; une langueur universelle abattoit son corps.
La sérénité n'étoit plus sur son front, ni le sourire sur ses lèvres. On la voyait tout-à-coup
gaie sans joie, et triste sans chagrin. Elle fuyoit
ses jeux innocens, ses doux travaux, et la société de sa famille bien-aimée. Elle erroit çà et
là dans les lieux les plus solitaires de l'habitation, cherchant par-tout du repos et ne le trou-
vant nulle part. Quelquefois, à la vue de Paul,
elle alloit vers lui en folâtrant; puis tout-à-coup,
près de l'aborder, un embarras subit la saisis-
soit; un rouge vif coloroit ses joues pâles, et ses
yeux n'osoient plus s'arrêter sur les siens. Paul
lui disoit : « La verdure couvre ces rochers, nos
« oiseaux chantent quand ils te voient; tout est
« gai autour de toi, toi seule es triste. » Et il
cherchoit à la ranimer en l'embrassant; mais
elle détournoit la tête, et fuyoit tremblante vers
sa mère. L'infortunée se sentoit troublée par les
caresses de son frère. Paul ne comprenoit rien à
des caprices si nouveaux et si étranges. Un mal
n'arrive guère seul.

Un de ces étés qui désolent de temps à autre les terres situées entre les tropiques, vint étendre ici ses ravages. C'étoit vers la fin de décembre, lorsque le soleil au capricorne échauffe pendant trois semaines l'île de France de ses feux verticaux. Le vent du sud-est qui y règne presque toute l'année, n'y souffloit plus. De longs tourbillons de poussière s'élevoient sur les chemins, et restoient suspendus en l'air. La terre se fendoit de toutes parts; l'herbe étoit brulée; des exhalaisons chaudes sortoient du flanc des montagnes, et la plupart de leurs ruisseaux étoient desséchés. Aucun nuage ne venoit du côté de la mer. Seulement pendant le jour, des vapeurs rousses s'élevoient de dessus ses plaines, et paroissoient au coucher du soleil, comme les flammes d'un incendie. La nuit même n'apportoit aucun rafraîchissement à l'atmosphère embrasée. L'orbe de la lune tout rouge, se levoit, dans un horizon embrumé, d'une grandeur démesurée. Les troupeaux abattus sur les flancs des collines, le cou tendu vers le ciel, aspirant l'air, faisoient retentir les vallons de tristes mugissemens. Le cafre même qui les conduisoit, se couchoit sur la terre, pour y trouver de la fraîcheur, mais partout, le sol étoit brûlant, et l'air étouffant retentissoit du bourdonnement des in-

sectes qui cherchoient à se désaltérer dans le
sang des hommes et des animaux.

Dans une de ces nuits ardentes, Virginie sentit redoubler tous les symptômes de son mal.
Elle se levoit, elle s'asseyoit, elle se recouchoit,
et ne trouvoit dans aucune attitude, ni le sommeil, ni le repos. Elle s'achemine, à la clarté de
la lune, vers sa fontaine; elle en aperçoit la
source, qui malgré la sécheresse, couloit encore en
filets d'argent sur les flancs bruns du rocher.
Elle se plonge dans son bassin. D'abord la fraîcheur ranime ses sens, et mille souvenirs agréables se présentent à son esprit. Elle se rappelle
que dans son enfance, sa mère et Marguerite
s'amusoient à la baigner avec Paul dans ce même
lieu; que Paul ensuite, réservant ce bain pour
elle seule, en avoit creusé le lit, couvert le fond
de sable, et semé sur ses bords des herbes aromatiques. Elle entrevoit dans l'eau, sur ses bras
nus et sur son sein, les reflets des deux palmiers
plantés à la naissance de son frère et à la sienne,
qui entrelaçoient au-dessus de sa tête leurs rameaux verts et leurs jeunes cocos. Elle pense à
l'amitié de Paul, plus douce que les parfums,
plus pure que l'eau des fontaines, plus forte que
les palmiers unis; et elle soupire. Elle songe à
la nuit, à la solitude, et un feu dévorant la saisit.

Aussitôt, elle sort, effrayée, de ces dangereux ombrages, et de ces eaux plus brûlantes que les soleils de la zone torride. Elle court auprès de sa mère chercher un appui contre elle-même. Plusieurs fois, voulant lui raconter ses peines, elle lui pressa les mains dans les siennes ; plusieurs fois, elle fut près de prononcer le nom de Paul, mais son cœur oppressé laissa sa langue sans expression, et posant sa tête sur le sein maternel, elle ne put que l'inonder de ses larmes.

Madame de la Tour pénétroit bien la cause du mal de sa fille, mais elle n'osoit elle-même lui en parler. « Mon enfant, lui disoit-elle, adresse-« toi à Dieu, qui dispose à son gré de la santé et « de la vie. Il t'éprouve aujourd'hui pour te ré-« compenser demain. Songe que nous ne som-« mes sur la terre que pour exercer la vertu. »

Cependant ces chaleurs excessives élevèrent de l'océan des vapeurs qui couvrirent l'île comme un vaste parasol. Les sommets des montagnes les rassembloient autour d'eux, et de longs sillons de feu sortoient de temps en temps de leurs pitons embrumés. Bientôt des tonnerres affreux firent retentir de leurs éclats, les bois, les plaines et les vallons ; des pluies épouvantables, semblables à des cataractes, tombèrent du ciel.

Des torrens écumeux se précipitoient le long des flancs de cette montagne : le fond de ce bassin étoit devenu une mer ; le plateau où sont assises les cabanes, une petite ile ; et l'entrée de ce vallon, une écluse par où sortoient pêle-mêle, avec les eaux mugissantes. les terres, les arbres et les rochers.

Toute la famille tremblante, prioit Dieu dans la case de madame de la Tour, dont le toit craquoit horriblement par l'effort des vents. Quoique la porte et les contrevents en fussent bien fermés, tous les objets s'y distinguoient à travers les jointures de la charpente, tant les éclairs étoient vifs et fréquens. L'intrépide Paul, suivi de Domingue, alloit d'une case à l'autre, malgré la fureur de la tempête, assurant ici une paroi avec un arc-boutant, et enfonçant là un pieu : il ne rentroit que pour consoler la famille par l'espoir prochain du retour du beau temps. En effet, sur le soir la pluie cessa ; le vent alizé du sud-est reprit son cours ordinaire ; les nuages orageux furent jetés vers le nord-est, et le soleil couchant parut à l'horizon.

Le premier désir de Virginie fut de revoir le lieu de son repos. Paul s'approcha d'elle d'un air timide, et lui présenta son bras pour l'aider à marcher. Elle l'accepta en souriant, et ils sorti-

rent ensemble de la case. L'air étoit frais et so-
nore. Des fumées blanches s'élevoient sur les
croupes de la montagne sillonnée çà et là de l'é-
cume des torrens, qui tarissoient de tous côtés.
Pour le jardin, il étoit tout bouleversé par d'affreux ravins; la plupart des arbres fruitiers
avoient leurs racines en haut; de grands amas
de sable couvroient les lisières des prairies, et
avoient comblé le bain de Virginie. Cependant,
les deux cocotiers étoient de bout, et bien ver-
doyans; mais il n'y avoit plus aux environs, ni
gazons, ni berceaux, ni oiseaux, excepté quelques
bengalis, qui, sur la pointe des rochers, déplo-
roient par des chants plaintifs la perte de leurs
petits.

A la vue de cette désolation, Virginie dit à
Paul : « Vous aviez apporté ici des oiseaux, l'ou-
« ragan les a tués. Vous aviez planté ce jardin,
« il est détruit. Tout périt sur la terre; il n'y a
« que le ciel qui ne change point. » Paul lui répondit : « Que ne puis-je vous donner quelque
« chose du ciel! mais je ne possède rien, même
« sur la terre. » Virginie reprit, en rougissant :
« Vous avez à vous le portrait de saint Paul. »
A peine eut-elle parlé, qu'il courut le chercher
dans la case de sa mère. Ce portrait étoit une
petite miniature, représentant l'hermite Paul.

Marguerite y avoit une grande dévotion : elle
l'avoit porté long-temps suspendu à son cou,
étant fille; ensuite, devenue mère, elle l'avoit
mis à celui de son enfant. Il étoit même arrivé
qu'étant enceinte de lui, et délaissée de tout le
monde, à force de contempler l'image de ce bienheureux solitaire, son fruit en avoit contracté
quelque ressemblance, ce qui l'avoit décidée à
lui en faire porter le nom, et à lui donner pour
patron un saint qui avoit passé sa vie loin des
hommes, qui l'avoient abusée, puis abandonnée.
Virginie, en recevant ce petit portrait des mains
de Paul, lui dit d'un ton ému ; « Mon frère, il
« ne me sera jamais enlevé tant que je vivrai, et
« je n'oublierai jamais que tu m'as donné la
« seule chose que tu possèdes au monde. » A ce
ton d'amitié, à ce retour inespéré de familiarité
et de tendresse, Paul voulut l'embrasser; mais,
aussi légère qu'un oiseau, elle lui échappa, et le
laissa hors de lui, ne concevant rien à une conduite si extraordinaire.

Cependant Marguerite disoit à madame de la
Tour : « Pourquoi ne marions-nous pas nos en-
« fans? Ils ont l'un pour l'autre une passion ex-
« trème, dont mon fils ne s'aperçoit pas encore.
« Lorsque la nature lui aura parlé, envain nous
« veillons sur eux, tout est à craindre. » Madame

de la Tour lui répondit : « Ils sont trop jeunes
« et trop pauvres. Quel chagrin pour nous, si
« Virginie mettoit au monde des enfans malheu-
« reux, qu'elle n'auroit peut-être pas la force
« d'élever! Ton noir Domingue est bien cassé;
« Marie est infirme. Moi-même, chère amie, de-
« puis quinze ans, je me sens fort affoiblie. On
« vieillit promptement dans les pays chauds, et
« encore plus vite dans le chagrin. Paul est no-
« tre unique espérance. Attendons que l'âge ait
« formé son tempérament, et qu'il puisse nous
« soutenir par son travail. A présent, tu le sais,
« nous n'avons guère que le nécessaire de cha-
« que jour. Mais en faisant passer Paul dans
« l'Inde pour un peu de temps, le commerce lui
« fournira de quoi acheter quelque esclave; et à
« son retour ici, nous le marierons à Virginie,
« car je crois que personne ne peut rendre ma
« chère fille aussi heureuse que ton fils Paul.
« Nous en parlerons à notre voisin. »

En effet, ces dames me consultèrent, et je fus
de leur avis. « Les mers de l'Inde sont belles,
« leur dis-je. En prenant une saison favorable
« pour passer d'ici aux Indes, c'est un voyage de
« six semaines au plus, et d'autant de temps
« pour en revenir. Nous ferons dans notre quar-
« tier une pacotille à Paul; car j'ai des voisins

« qui l'aiment beaucoup. Quand nous ne lui don-
« nerions que du coton brut, dont nous ne fai-
« sons aucun usage, faute de moulins pour l'é-
« plucher; du bois d'ébène, si commun ici qu'il
« sert au chauffage, et quelques résines qui se
« perdent dans nos bois : tout cela se vend assez
« bien aux Indes, et nous est fort inutile ici. »

Je me chargeai de demander à M. de la Bourdonnais une permission d'embarquement pour
ce voyage, et avant tout, je voulus en prévenir
Paul; mais quel fut mon étonnement, lorsque
ce jeune homme me dit, avec un bon sens fort
au dessus de son âge! « Pourquoi voulez-vous
« que je quitte ma famille, pour je ne sais quel
« projet de fortune? Y a-t-il un commerce au
« monde plus avantageux que la culture d'un
« champ, qui rend quelquefois cinquante et cent
« pour un? Si nous voulons faire le commerce,
« ne pouvons-nous pas le faire en portant notre
« superflu d'ici à la ville, sans que j'aille courir
« aux Indes? Nos mères me disent que Domin-
« gue est vieux et cassé; mais moi je suis jeune,
« et je me renforce chaque jour. Il n'a qu'à leur
« arriver pendant mon absence quelque accident,
« sur-tout à Virginie, qui est déjà souffrante.
« Oh non, non! je ne saurois me résoudre à les
« quitter. »

Sa réponse me jeta dans un grand embarras ;
car madame de la Tour ne m'avoit pas caché
l'état de Virginie, et le désir qu'elle avoit de gagner quelques années sur l'âge de ces jeunes
gens, en les éloignant l'un de l'autre. C'étoient
des motifs que je n'osois même faire soupçonner
à Paul.

Sur ces entrefaites, un vaisseau arrivé de
France apporta à madame de la Tour une lettre
de sa tante. La crainte de la mort, sans laquelle
les cœurs durs ne seroient jamais sensibles,
l'avoit frappée. Elle sortoit d'une grande maladie
dégénérée en langueur, et que l'âge rendoit in-
curable. Elle mandoit à sa nièce de repasser en
France ; ou, si sa santé ne lui permettoit pas de
faire un si long voyage, elle lui enjoignoit d'y
envoyer Virginie, à laquelle elle destinoit une
bonne éducation, un parti à la cour, et la dona-
tion de tous ses biens. Elle attachoit, disoit-
elle, le retour de ses bontés à l'exécution de ses
ordres.

A peine cette lettre fut lue dans la famille,
qu'elle y répandit la consternation. Domingue et
Marie se mirent à pleurer. Paul, immobile
d'étonnement, paroissoit prêt à se mettre en colère. Virginie, les yeux fixés sur sa mère, n'osoit
proférer un mot : « Pourriez-vous nous quitter

« maintenant ? dit Marguerite à Madame de la
« Tour. — Non, mon amie; non, mes enfans,
« reprit madame de la Tour : je ne vous quitterai
« point. J'ai vécu avec vous, et c'est avec vous
« que je veux mourir. Je n'ai connu le bonheur
« que dans votre amitié. Si ma santé est déran-
« gée, d'anciens chagrins en sont cause. J'ai été
« blessée au cœur par la dureté de mes parens
« et par la perte de mon cher époux. Mais de-
« puis, j'ai goûté plus de consolation et de félicité
« avec vous, sous ces pauvres cabanes, que ja-
« mais les richesses de ma famille ne m'en ont
« fait même espérer dans ma patrie. »

A ce discours, des larmes de joie coulèrent de
tous les yeux. Paul serrant madame de la Tour
dans ses bras, lui dit : « Je ne vous quitterai pas
« non plus; je n'irai point aux Indes. Nous tra-
« vaillerons tous pour vous, chère maman; rien
« ne vous manquera jamais avec nous. » Mais,
de toute la société, la personne qui témoigna le
moins de joie, et qui y fut la plus sensible, fut
Virginie. Elle fut le reste du jour d'une gaieté
douce, et le retour de sa tranquillité mit le comble à la satisfaction générale.

Le lendemain, au lever du soleil, comme ils
venoient de faire tous ensemble, suivant leur
coutume, la prière du matin qui précédoit le dé

jeuné, Domingue les avertit qu'un monsieur à
cheval, suivi de deux esclaves, s'avançoit vers
l'habitation. C'étoit M. de la Bourdonnais. Il entra dans la case où toute la famille étoit à table.
Virginie venoit de servir, suivant l'usage du
pays, du café et du riz cuit à l'eau. Elle y avoit
joint des patates chaudes et des bananes fraî-
ches. Il y avoit pour toute vaisselle des moitiés
de callebasses, et pour linge, des feuilles de bananier. Le gouverneur témoigna d'abord quelque étonnement de la pauvreté de cette demeure. Ensuite, s'adressant à madame de la
Tour, il lui dit que les affaires générales l'empê-
choient quelquefois de songer aux particulières;
mais qu'elle avoit bien des droits sur lui. « Vous
« avez, ajouta-t-il, madame, une tante de qualité
« et fort riche à Paris, qui vous réserve sa for-
« tune, et vous attend auprès d'elle. » Madame
de la Tour répondit au gouverneur, que sa santé
altérée ne lui permettoit pas d'entreprendre un
si long voyage. « Au moins, reprit M. de la
« Bourdonnais, pour mademoiselle votre fille, si
« jeune et si aimable, vous ne sauriez sans in-
« justice, la priver d'une si grande succession. Je
« ne vous cache pas que votre tante a employé
« l'autorité pour la faire venir auprès d'elle. Les
« bureaux m'ont écrit à ce sujet, d'user, s'il le

« falloit, de mon pouvoir; mais ne l'exerçant
« que pour rendre heureux les habitans de cette
« colonie, j'attends de votre volonté seule un
« sacrifice de quelques années, d'où dépend l'éta-
« blissement de votre fille, et le bien-être de
« toute votre vie. Pourquoi vient-on aux îles?
« n'est-ce pas pour y faire fortune? N'est-il pas
« bien plus agréable de l'aller retrouver dans sa
« patrie. »

En disant ces mots, il posa sur la table un
gros sac de piastres que portoit un de ses noirs.
« Voilà, ajouta-t-il, ce qui est destiné aux prépa-
« ratifs de voyage de mademoiselle votre fille, de
« la part de votre tante. » Ensuite il finit par
reprocher avec bonté à madame de la Tour, de
ne s'être pas adressée à lui dans ses besoins, en
la louant cependant de son noble courage. Paul
aussitôt prit la parole, et dit au gouverneur:
« Monsieur, ma mère s'est adressée à vous, et
« vous l'avez mal reçue. — Avez-vous un autre
« enfant, madame? dit M. de la Bourdonnais à
« madame de la Tour. — Non, monsieur, reprit-
« elle, celui-ci est le fils de mon amie ; mais lui
« et Virginie nous sont communs, et également
« chers. — Jeune homme, dit le gouverneur à
« Paul, quand vous aurez acquis l'expérience du
« monde, vous connoîtrez le malheur des gens

6

« en place; vous saurez combien il est facile de
« les prévenir, combien aisément ils donnent au
« vice intriguant, ce qui 'appartient au mérite
« qui se cache. »

M. de la Bourdonnais, invité par madame de
la Tour, s'assit à table auprès d'elle. Il déjeuna,
à la manière des Créoles, avec du café mêlé avec
du riz cuit à l'eau. Il fut charmé de l'ordre et de
la propreté de la petite case, de l'union de ces
deux familles charmantes, et du zèle même de
leurs vieux domestiques. « Il n'y a, dit-il, ici,
« que des meubles de bois; mais on y trouve
« des visages sereins et des cœurs d'or. » Paul,
charmé de la popularité du gouverneur, lui dit :
« Je désire être votre ami, car vous êtes un hon-
« nête homme. » M. de la Bourdonnais reçut
avec plaisir cette marque de cordialité insulaire.
Il embrassa Paul en lui serrant la main, et l'assura qu'il pouvoit compter sur son amitié.

Après déjeuné, il prit madame de la Tour en
particulier, et lui dit qu'il se présentoit une occasion prochaine d'envoyer sa fille en France,
sur un vaisseau prêt à partir; qu'il la recom-
manderoit à une dame de ses parentes qui y
étoit passagère; qu'il falloit bien se garder
d'abandonner une fortune immense pour une
satisfaction de quelques années. « Votre tante,

« ajouta-t-il en s'en allant, ne peut pas traîner
« plus de deux ans, ses amis me l'ont mandé.
« Songez-y bien. La fortune ne vient pas tous
« les jours. Consultez-vous. Tous les gens de bon
« sens seront de mon avis. » Elle lui répondit
« que ne désirant désormais d'autre bonheur
« dans le monde que celui de sa fille, elle laisse-
« roit son départ pour la France entièrement à
« sa disposition. »

Madame de la Tour n'étoit pas fâchée de trouver une occasion de séparer pour quelque temps
Virginie et Paul, en procurant un jour leur
bonheur mutuel. Elle prit donc sa fille à part,
et lui dit : « Mon enfant, nos domestiques sont
« vieux : Paul est bien jeune, Marguerite vient
« sur l'âge : je suis déjà infirme : si j'allois mou-
« rir, que deviendriez-vous, sans fortune, au mi-
« lieu de ces déserts? Vous resteriez donc seule,
« n'ayant personne qui puisse vous être d'un
« grand secours, et obligée, pour vivre, de tra-
« vailler sans cesse à la terre comme une merce-
« naire. Cette idée me pénètre de douleur. » Virginie lui répondit : « Dieu nous a condamnés au
« travail. Vous m'avez appris à travailler, et à le
« bénir chaque jour. Jusqu'à présent il ne nous
« a pas abandonnés, il ne nous abandonnera
« point encore. Sa providence veille particuliè-

« rement sur les malheureux. Vous me l'avez dit
« tant de fois, ma mère! Je ne saurois me résou-
« dre à vous quitter. » Madame de la Tour
émue, reprit : « Je n'ai d'autre projet que de te
« rendre heureuse, et de te marier un jour avec
« Paul, qui n'est point ton frère. Songe mainte-
« nant que sa fortune dépend de toi. »

Une jeune fille qui aime, croit que tout le
monde l'ignore. Elle met sur ses yeux le voile
qu'elle a sur son cœur; mais quand il est sou-
levé par une main amie, alors les peines secrètes
de son amour s'échappent comme par une barrière ouverte, et les doux épanchemens de la
confiance succèdent aux réserves et aux mystè-
res dont elle s'environnoit. Virginie, sensible
aux nouveaux témoignages de bonté de sa mère,
lui raconta quels avoient été ses combats, qui
n'avoient eu d'autres témoins que Dieu seul;
qu'elle voyoit le secours de sa providence dans
celui d'une mère tendre qui approuvoit son in-
clination, et qui la dirigeroit par ses conseils;
que maintenant, appuyée de son support, tout
l'engageoit à rester auprès d'elle, sans inquiétude
pour le présent, et sans crainte pour l'avenir.

Madame de la Tour voyant que sa confidence
avoit produit un effet contraire à celui qu'elle
en attendoit, lui dit : « Mon enfant, je ne veux

« point te contraindre ; délibère à ton aise, mais
« cache ton amour à Paul. Quand le cœur d'une
« fille est pris, son amant n'a plus rien à lui de-
« mander. »

Vers le soir, comme elle étoit seule avec Virginie, il entra chez elle un grand homme vêtu
d'une soutane bleue. C'étoit un ecclésiastique
missionnaire de l'île, et confesseur de madame
de la Tour et de Virginie. Il étoit envoyé par le
gouverneur. « Mes enfans, dit-il en entrant,
« Dieu soit loué ! Vous voilà riches. Vous pour-
« rez écouter votre bon cœur, faire du bien aux
« pauvres. Je sais ce que vous a dit M. de la
« Bourdonnais, et ce que vous lui avez répondu.
« Bonne maman, votre santé vous oblige de
« rester ici ; mais vous, jeune demoiselle, vous
« n'avez point d'excuse. Il faut obéir à la Provi-
« dence, à nos vieux parens, même injustes.
« C'est un sacrifice, mais c'est l'ordre de Dieu,
« Il s'est dévoué pour nous ; il faut, à son exem-
« ple, se dévouer pour le bien de sa famille. Votre
« voyage en France aura une fin heureuse. Ne vou-
« lez-vous pas bien y aller, ma chère demoiselle ? »

Virginie les yeux baissés, lui répondit en tremblant : « Si c'est l'ordre de Dieu, je ne m'oppose
« à rien. Que la volonté de Dieu soit faite, dit-
« elle en pleurant. »

Le missionnaire sortit, et fut rendre compte au gouverneur du succès de sa commission. Cependant madame de la Tour m'envoya prier par Domingue de passer chez elle, pour me consulter sur le départ de Virginie. Je ne fus point du tout d'avis qu'on la laissât partir. Je tiens pour principes certains du bonheur, qu'il faut préférer les avantages de la nature à tous ceux de la fortune, et que nous ne devons point aller chercher hors de nous ce que nous pouvons trouver chez nous. J'étends ces maximes à tout, sans exception. Mais que pouvoient mes conseils de modération contre les illusions d'une grande fortune, et mes raisons naturelles contre les préjugés du monde et une autorité sacrée pour madame de la Tour? Cette dame ne me consulta donc que par bienséance, et elle ne délibéra plus, depuis la décision de son confesseur. Marguerite même, qui, malgré les avantages qu'elle espéroit pour son fils de la fortune de Virginie, s'étoit opposée fortement à son départ, ne fit plus d'objections. Pour Paul qui ignorait le parti auquel on se détermineroit, étonné des conversations secrètes de madame de la Tour et de sa fille, il s'abandonnoit à une tristesse sombre. « On « trâme quelque chose contre moi, dit-il, puis- « qu'on se cache de moi. »

Cependant, le bruit s'étant répandu dans l'île, que la fortune avoit visité ces rochers, on y vit grimper des marchands de toute espèce. Ils déployèrent au milieu de ces pauvres cabanes, les plus riches étoffes de l'Inde; de superbes bassins de Goudelour, des mouchoirs de Paliacate et de Mazulipatan, des mousselines de Daca, unies, rayées, brodées, transparentes comme le jour, des baftas de Surate d'un si beau blanc, des chittes de toutes couleurs et des plus rares, à fond sablé et à rameaux verts. Ils déroulèrent de magnifiques étoffes de soie de la Chine, des lampas découpés à jour, des damas d'un blanc satiné, d'autres, d'un vert de prairie, d'autres d'un rouge à éblouir; des taffetas rose, des satins à pleine main, des pékins moelleux comme le drap, des nankins blancs et jaunes, et jusqu'à des pagnes de Madagascar.

Madame de la Tour voulut que sa fille achetât tout ce qui lui feroit plaisir; elle veilla seulement sur le prix et les qualités des marchandises, de peur que les marchands ne la trompassent. Virginie choisit tout ce qu'elle crut être agréable à sa mère, à Marguerite et à son fils. « Ceci, « disoit-elle, était bon pour des meubles, cela « pour l'usage de Marie et de Domingue. » Enfin le sac de piastres étoit employé, qu'elle n'avoit pas encore songé à ses besoins. Il fallut lui faire son partage sur les présens qu'elle avoit distribués à la société.

Paul, pénétré de douleur à la vue de ces dons de la fortune, qui lui présageoient le départ de Virginie, s'en vint quelques jours après chez moi. Il me dit d'un air accablé : « Ma sœur s'en va; « elle fait déjà les apprêts de son voyage. Passez « chez nous, je vous prie. Employez votre cré- « dit sur l'esprit de sa mère et de la mienne, « pour la retenir. « Je me rendis aux instances de Paul, quoique bien persuadé que mes représentations seroient sans effet.

Si Virginie m'avoit paru charmante en toile bleue du Bengale, avec un mouchoir rouge autour de sa tête, ce fut encore toute autre chose quand je la vis parée à la manière des dames de ce pays. Elle étoit vêtue de mousseline blanche doublée de taffetas rose. Sa taille légère et élevée se dessinoit parfaitement sous son corset, et ses cheveux blonds, tressés à double tresse, accompagnoient admirablement sa tête virginale. Ses beaux yeux bleus étoient remplis de mélancolie; et son cœur agité par une passion combattue, donnait à son teint une couleur animée, et à sa voix des sons pleins d'émotion. Le contraste même de sa parure élégante, qu'elle sembloit

porter malgré elle, rendoit sa langueur encore
plus touchante. Personne ne pouvoit la voir ni
l'entendre, sans se sentir ému. La tristesse de
Paul en augmenta. Marguerite, affligée de la
situation de son fils, lui dit en particulier :
« Pourquoi, mon fils, te nourrir de fausses es-
« pérances, qui rendent les privations encore
« plus amères ? Il est temps que je te découvre
« le secret de ta vie et de la mienne. Mademoi-
« selle de la Tour appartient, par sa mère, à
« une parente riche et de grande condition : pour
« toi, tu n'es que le fils d'une pauvre paysanne,
« et, qui pis est, tu es bâtard. »

Ce mot de bâtard étonna beaucoup Paul ; il ne
l'avoit jamais ouï prononcer : il en demanda la
signification à sa mère, qui lui répondit : « Tu
« n'as point eu de père légitime. Lorsque j'étois
« fille, l'amour me fit commettre une foiblesse
« dont tu as été le fruit. Ma faute t'a privé de ta
« famille paternelle, et mon repentir, de ta fa-
« mille maternelle. Infortuné, tu n'as d'autres
« parens que moi seule dans le monde ! » et elle
se mit à répandre des larmes. Paul la serrant
dans ses bras, lui dit : « Oh, ma mère ! puisque
« je n'ai d'autres parens que vous dans le monde,
« je vous en aimerai davantage. Mais quel secret
« venez-vous de me révéler ! Je vois maintenant

« la raison qui éloigne de moi mademoiselle de
« la Tour depuis deux mois, et qui la décide
« aujourd'hui à partir. Ah! sans doute, elle me
« méprise! »

Cependant, l'heure de souper étant venue, on
se mit à table, où chacun des convives, agité de
passions différentes, mangea peu et ne parla
point. Virginie en sortit la première et fut s'asseoir au lieu où nous sommes. Paul la suivit
bientôt après, et vint se mettre auprès d'elle.
L'un et l'autre gardèrent quelque temps un pro
fond silence. Il faisoit une de ces nuits déli-
cieuses, si communes entre les tropiques; et
dont le plus habile pinceau ne rendroit pas la
beauté. La lune paroissoit au milieu du firmament, entourée d'un rideau de nuages que ses
rayons dissipoient par degrés. Sa lumière se
répandoit insensiblement sur les montagnes de
l'île et sur leurs pitons, qui brilloient d'un vert
argenté. Les vents retenoient leurs haleines. On
entendoit dans les bois, au fond des vallées, au
haut des rochers, de petits cris, de doux mur-
mures d'oiseaux, qui se caressoient dans leurs
nids, réjouis par la clarté de la nuit, et la tranquillité de l'air. Tous, jusqu'aux insectes, bruis-
soient sous l'herbe; les étoiles étinceloient au
ciel et se réfléchissoient au sein de la mer qui

répétoit leurs images tremblantes. Virginie parcouroit avec des regards distraits, son vaste et
sombre horizon, distingué du rivage de l'île par
les feux rouges des pêcheurs. Elle aperçut à
l'entrée du port une lumière et une ombre :
c'étoit le fanal et le corps du vaisseau où elle
devoit s'embarquer pour l'Europe, et qui, prêt
à mettre à la voile, attendoit à l'ancre la fin du
calme. A cette vue elle se troubla, et détourna
la tête, pour que Paul ne la vît pas pleurer.

Madame de la Tour, Marguerite et moi, nous
étions assis à quelques pas de là, sous des bananiers; et dans le silence de la nuit, nous enten-
dîmes distinctement leur conversation, que je
n'ai pas oubliée.

Paul lui dit : « Mademoiselle, vous partez,
« dit-on, dans trois jours. Vous ne craignez pas
« de vous exposer aux dangers de la mer... de la
« mer dont vous êtes si effrayée ! — Il faut, ré-
« pondit Virginie, que j'obéisse à mes parens, à
« mon devoir. — Vous nous quittez, reprit Paul,
» pour une parente éloignée, que vous n'avez
« jamais vue ! — Hélas, dit Virginie : je voulois
« rester ici toute ma vie; ma mère ne l'a pas
« voulu. Mon confesseur m'a dit que la volonté
« de Dieu étoit que je partisse ; que la vie étoit une
« épreuve... Oh c'est une épreuve bien dure ! »

« Quoi, repartit Paul, tant de raisons vous
« ont décidée, et aucune ne vous a retenue! Ah!
« il en est encore que vous ne me dites pas. La
« richesse a de grand attraits. Vous trouverez
« bientôt, dans un nouveau monde, à qui don-
« ner le nom de frère que vous ne me donnez
« plus. Vous le choisirez, ce frère, parmi des gens
« dignes de vous par une naissance et une for-
« tune que je ne peux vous offrir. Mais, pour
« être plus heureuse, où voulez-vous aller? Dans
« quelle terre aborderez-vous, qui vous soit plus
« chère que celle où vous êtes née? Où forme-
« rez-vous une société plus aimable que celle
« qui vous aime? Comment vivrez-vous sans les
« caresses de votre mère, auxquelles vous êtes
« si accoutumée? Que deviendra-t-elle elle-
« même, déjà sur l'âge, lorsqu'elle ne vous verra
« plus à ses côtés, à la table, dans la maison, à
« la promenade où elle s'appuyoit sur vous? Que
« deviendra la mienne, qui vous chérit autant
« qu'elle? Que leur dirai-je à l'une et à l'autre,
« quand je les verrai pleurer de votre absence?
« Cruelle! je ne vous parle point de moi : mais
« que deviendrai-je moi-même, quand le matin
« je ne vous verrai plus avec nous, et que la
« nuit viendra sans nous réunir; quand j'aper-
« cevrai ces deux palmiers plantés à notre nais-

« sance, et si long-temps témoins de notre
« amitié mutuelle? Ah! puisqu'un nouveau sort
« te touche, que tu cherches d'autres pays que
« ton pays natal, d'autres biens que ceux de mes
« travaux, laisse-moi t'accompagner sur le vais-
« seau où tu pars. Je te rassurerai dans les tem-
« pêtes qui te donnent tant d'effroi sur la terre.
« Je reposerai ta tête sur mon sein, je réchauffe-
« rai ton cœur contre mon cœur; et en France,
« où tu vas chercher de la fortune et de la gran-
« deur, je te servirai comme ton esclave. Heu-
« reux de ton seul bonheur, dans ces hôtels où
« je te verrai servie et adorée, je serai encore
« assez riche et assez noble, pour te faire le
« plus grand des sacrifices, en mourant à tes
« pieds. »

Les sanglots étouffèrent sa voix, et nous en-
tendîmes aussitôt celle de Virginie, qui lui disoit
ces mots entrecoupés de soupirs.... « C'est pour
« toi que je pars..... pour toi que j'ai vu chaque
« jour courbé par le travail pour nourrir deux
« familles infirmes. Si je me suis prêtée à l'occa-
« sion de devenir riche, c'est pour te rendre
« mille fois le bien que tu nous as fait. Est-il
« une fortune digne de ton amitié? Que me dis-
« tu de ta naissance? Ah! s'il m'étoit encore
« possible de me donner un frère, en choisirai-je

« un autre que toi? O Paul! O Paul! tu m'es
« beaucoup plus cher qu'un frère! Combien
« m'en a-t-il coûté pour te repousser loin de
« moi! Je voulois que tu m'aidasses à me sépa-
« rer de moi-même, jusqu'à ce que le ciel pût
« bénir notre union. Maintenant, je reste, je
« pars, je vis, je meurs: fais de moi ce que tu
« veux. Fille sans vertu! j'ai pu résister à tes
« caresses, et je ne peux soutenir ta douleur! »

A ces mots, Paul la saisit dans ses bras, et la
tenant étroitement serrée, il s'écria d'une voix
terrible: « Je pars avec elle; rien ne pourra m'en
« détacher. » Nous courûmes tous à lui. Madame de la Tour lui dit: « Mon fils, si vous
« nous quittez, qu'allons nous devenir? »

Il répéta en tremblant ces mots: « Mon fils....
« mon fils.... Vous ma mère, lui dit-il, vous qui
« séparez le frère d'avec la sœur! Tous deux
« nous avons sucé votre lait; tous deux élevés
« sur vos genoux, nous avons appris de vous à
« nous aimer; tous deux, nous nous le sommes
« dit mille fois. Et maintenant vous l'éloignez
« de moi! Vous l'envoyez en Europe, dans ce
« pays barbare qui vous a refusé un asyle, et
« chez des parens cruels qui vous ont vous-
« même abandonnée. Vous me direz: Vous
« n'avez plus de droits sur elle, elle n'est pas

« votre sœur. Elle est tout pour moi, ma ri-
« chesse, ma famille, ma naissance, tout mon
« bien. Je n'en connois plus d'autre. Nous n'a-
« vons eu qu'un toit, qu'un berceau; nous n'au-
« rons qu'un tombeau. Si elle part, il faut que
« je la suive. Le gouverneur m'en empêchera?
« M'empêchera-t-il de me jeter à la mer? Je la
« suivrai à la nage. La mer ne sauroit m'être
« plus funeste que la terre. Ne pouvant vivre ici
« près d'elle, au moins je mourrai sous ses yeux,
« loin de vous. Mère barbare! femme sans pitié!
« puisse cet océan où vous l'exposez, ne jamais
« vous la rendi   puissent ses flots vous rappor-
« ter mon corps, et le roulant avec le sien parmi
« les cailloux de ces rivages, vous donner par la
« perte de vos deux enfans, un sujet éternel de
« douleur! »

A ces mots, je le saisis dans mes bras; car le
désespoir lui ôtoit la raison. Ses yeux étinceloient; la sueur couloit à grosses gouttes sur
son visage en feu; ses genoux trembloient, et
je sentois dans sa poitrine brûlante, son cœur
battre à coups redoublés.

Virginie effrayée, lui dit: « O mon ami! j'atteste
« les plaisirs de notre premier âge, tes maux,
« les miens, et tout ce qui doit lier à jamais deux
« infortunés. si je reste. de ne vivre que pour

« toi; si je pars, de revenir un jour pour être à
« toi. Je vous prends à témoins, vous tous qui
« avez élevé mon enfance, qui disposez de ma
« vie et qui voyez mes larmes. Je le jure par ce
« ciel qui m'entend, par cette mer que je dois
« traverser, par l'air que je respire, et que je
« n'ai jamais souillé du mensonge. »

Comme le soleil fond et précipite un rocher
de glace du sommet des Apennins, ainsi tomba la
colère impétueuse de ce jeune homme, à la voix
de l'objet aimé. Sa tête altière étoit baissée, et
un torrent de pleurs couloit de ses yeux. Sa
mère, mêlant ses larmes aux siennes, le tenoit
embrassé sans pouvoir parler. Madame de la
Tour, hors d'elle, me dit : « Je n'y puis tenir;
« mon ame est déchirée. Ce malheureux voyage
« n'aura pas lieu. Mon voisin, tâchez d'emmener
« mon fils. Il y a huit jours que personne ici n'a
« dormi. »

Je dis à Paul : « Mon ami, votre sœur restera.
« Demain nous en parlerons au gouverneur;
« laissez reposer votre famille, et venez passer
« cette nuit chez moi. Il est tard, il est minuit;
« la croix du sud est droite sur l'horizon. »

Il se laissa emmener sans rien dire, et après
une nuit fort agitée, il se leva au point du jour,
et s'en retourna à son habitation.

Mais qu'est-il besoin de vous continuer plus long-temps le récit de cette histoire? Il n'y a jamais qu'un côté agréable à connoître dans la vie humaine. Semblable au globe sur lequel nous tournons, notre révolution n'est que d'un jour, et une partie de ce jour ne peut recevoir la lumière, que l'autre ne soit livrée aux ténèbres.

« Mon père, lui-je, je vous en conjure, ache- « vez de me raconter ce que vous avez commencé « d'une manière si touchante. Les images du « bonheur nous plaisent, mais celles du malheur « nous instruisent. Que devint, je vous prie, « l'infortuné Paul? »

Le premier objet que vit Paul, en retournant à l'habitation, fut la négresse Marie, qui, montée sur un rocher, regardoit vers la pleine mer. Il lui cria du plus loin qu'il l'aperçut: « Où est « Virginie? » Marie tourna la tête vers son jeune maître, et se mit à pleurer. Paul, hors de lui, revint sur ses pas, et courut au port. Il y apprit que Virginie s'étoit embarquée au point du jour, que son vaisseau avoit mis à la voile aussitôt, et qu'on ne le voyoit plus. Il revint à l'habitation, qu'il traversa sans parler à personne.

Quoique cette enceinte de rochers paroisse derrière nous presque perpendiculaire, ces pla-

7

teaux verts qui en divisent la hauteur, sont autant d'étages par lesquels on parvient, au moyen de quelques sentiers difficiles, jusqu'au pied de ce cône de rochers incliné et inaccessible, qu'on appelle le Pouce. A la base de ce rocher est une esplanade couverte de grands arbres, mais si élevée et si escarpée, qu'elle est comme une grande forêt dans l'air, environnée de précipices effroyables. Les nuages que le sommet du Pouce attire sans cesse autour de lui, y entretiennent plusieurs ruisseaux qui tombent à une si grande profondeur au fond de la vallée située au revers de cette montagne, que, de cette hauteur, on n'entend point le bruit de leur chute. De ce lieu, on voit une grande partie de l'ile avec ses mornes surmontés de leurs pitons, entres autres Piterboth et les Trois-mamelles avec leurs vallons remplis de forêts; puis la pleine mer, et l'Ile Bourbon qui est à quarante lieues de là vers l'occident. Ce fut de cette élévation que Paul aperçut le vaisseau qui emmenoit Virginie. Il le vit à plus de dix lieues au large, comme un point noir au milieu de l'océan. Il resta une partie du jour tout occupé à le considérer : il étoit déja disparu, qu'il croyoit le voir encore; et quand il fut perdu dans la vapeur de l'horizon, il s'assit dans ce lieu sauvage, toujours battu des

vents qui y agitent sans cesse les sommets des
palmistes et des tatamaques. Leur murmure
sourd et mugissant ressemble au bruit lointain
des orgues, et inspire une profonde mélancolie.
Ce fut là que je trouvai Paul, la tête appuyée
contre le rocher, et les yeux fixés vers la terre.
Je marchois après lui depuis le lever du soleil:
j'eus beaucoup de peine à le déterminer à des-
cendre, et à revoir sa famille. Je le remenai
cependant à son habitation, et son premier mouvement, en revoyant madame de la Tour, fut
de se plaindre amèrement qu'elle l'avoit trompé.
Madame de la Tour nous dit que le vent s'étant
levé vers les trois heures du matin, le vaisseau
étant au moment d'appareiller, le gouverneur,
suivi d'une partie de son état-major et du missionnaire, étoit venu chercher Virginie en palanquin; et que, malgré ses propres raisons, ses
larmes et celles de Marguerite, tout le monde
criant que c'étoit pour leur bien à tous, ils
avoient emmené sa fille à demi-mourante. « Au
« moins, répondit Paul, si je lui avois fait mes
« adieux, je serois tranquille à présent. Je lui
« aurois dit: Virginie, si, pendant le temps que
« nous avons vécu ensemble, il m'est échappé
« quelque parole qui vous ait offensée, avant de
« me quitter pour jamais, dites-moi que vous me

« la pardonnez. Je lui aurois dit: Puisque je ne
« suis plus destiné à vous revoir, adieu, ma
« chère Virginie! adieu! Vivez loin de moi con-
« tente et heureuse! » Et comme il vit que sa
mère et madame de la Tour pleuroient : « Cher
« chez maintenant, leur dit-il, quelque autre que
« moi qui essuie vos larmes! » puis il s'éloigna
d'elles en gémissant, et se mit à errer çà et là dans
l'habitation. Il en parcouroit tous les endroits qui
avoient été les plus chers à Virginie. Il disoit à
ses chèvres et à leurs petits chevreaux, qui le
suivoient en bêlant : « Que me demandez-vous?
« vous ne reverrez plus avec moi celle qui vous
« donnoit à manger dans sa main. » Il fut au
Repos de Virginie, et à la vue des oiseaux qui
voltigeoient autour, il s'écria : « Pauvres oiseaux!
« vous n'irez plus au-devant de celle qui étoit
« votre bonne nourrice. » En voyant Fidèle qui
flairoit çà et là, et marchoit devant lui en quêtant, il soupira et lui dit : « Oh! tu ne la retrou-
« veras plus jamais. » Enfin, il fut s'asseoir sur le
rocher où il lui avoit parlé la veille; et à l'aspect
de la mer où il avoit vu disparoître le vaisseau
qui l'avoit emmenée, il pleura abondamment.

Cependant nous le suivions pas à pas, crai-
gnant quelque suite funeste de l'agitation de son
esprit. Sa mère et madame de la Tour le prioient

par les termes les plus tendres, de ne pas augmenter leur douleur par son désespoir. Enfin
celle-ci parvint à le calmer, en lui prodiguant
les noms les plus propres à réveiller ses espérances. Elle l'appeloit son fils, son cher fils, son
gendre, celui à qui elle destinoit sa fille. Elle
l'engagea à rentrer dans la maison, et à y prendre quelque peu de nourriture. Il se mit à table
avec nous, auprès de la place où se mettoit la
compagne de son enfance; et, comme si elle
l'eût encore occupée, il lui adressoit la parole,
et lui présentoit les mets qu'il savoit lui être les
plus agréables; mais dès qu'il s'apercevoit de
son erreur, il se mettoit à pleurer. Les jours sui-
vans, il recueillit tout ce qui avoit été à son
usage particulier, les derniers bouquets qu'elle
avoit portés, une tasse de coco où elle avoit
coutume de boire; et comme si ces restes de
son amie eussent été les choses du monde les
plus précieuses, il les baisoit et les mettoit dans
son sein. L'ambre ne répand pas un parfum
aussi doux que les objets touchés par l'objet que
l'on aime. Enfin, voyant que ses regrets aug-
mentoient ceux de sa mère et de madame de la
Tour, et que les besoins de la famille demandoient un travail continuel, il se mit, avec l'aide
de Domingue, à réparer le jardin.

Bientôt ce jeune homme, indifférent comme
un créole pour tout ce qui ce passe dans le
monde, me pria de lui apprendre à lire et à
écrire, afin qu'il pût entretenir une correspondance avec Virginie. Il voulut ensuite s'instruire
dans la géographie, pour se faire une idée du
pays où elle débarqueroit; et dans l'histoire,
pour connoître les mœurs de la société où elle
alloit vivre. Ainsi il s'étoit perfectionné dans
l'agriculture, et dans l'art de disposer avec agrément le terrain le plus irrégulier, par le sentiment de l'amour. Sans doute c'est aux jouissances
que se propose cette passion ardente et inquiète,
que les hommes doivent la plupart des sciences
et des arts, et c'est de ses privations qu'est née
la philosophie, qui apprend à se consoler de
tout. Ainsi la nature ayant fait l'amour le lien
de tous les êtres, l'a rendu le premier mobile de
nos sociétés, et l'instigateur de nos lumières et
de nos plaisirs.

Paul ne trouva pas beaucoup de goût dans
l'étude de la géographie, qui, au lieu de nous
décrire la nature de chaque pays, ne nous en
présente que les divisions politiques. L'histoire,
et sur-tout l'histoire moderne, ne l'intéressa
guère davantage. Il n'y voyoit que des malheurs
généraux et périodiques, dont il n'apercevoit

pas les causes; des guerres sans sujet et sans objet; des intrigues obscures; des nations sans caractère, et des princes sans humanité. Il préféroit à cette lecture celle des romans, qui, s'occupant davantage des sentiments et des intérêts des hommes, lui offroient quelquefois des situations pareilles à la sienne. Aussi aucun livre ne lui fit autant de plaisir que le Télémaque, par ses tableaux de la vie champêtre et des passions naturelles au cœur humain. Il en lisoit à sa mère et à madame de la Tour les endroits qui l'affectoient davantage: alors ému par de touchans ressouvenirs, sa voix s'étouffoit, et les larmes couloient de ses yeux. Il lui sembloit trouver dans Virginie la dignité et la sagesse d'Antiope, avec les malheurs et la tendresse d'Eucharis. D'un autre côté, il fut tout bouleversé par la lecture de nos romans à la mode, pleins de mœurs et de maximes licencieuses; et quand il sut que ces romans renfermoient une peinture véritable des sociétés de l'Europe, il craignit, non sans quelque apparence de raison, que Virginie ne vint à s'y corrompre et à l'oublier.

En effet, plus d'un an et demi s'étoit écoulé, sans que madame de la Tour eût des nouvelles de sa tante et de sa fille: seulement elle avoit

appris, par une voie étrangère, que celle-ci étoit
arrivée heureusement en France. Enfin, elle
reçut par un vaisseau qui alloit aux Indes, un
paquet et une lettre écrite de la propre main de
Virginie. Malgré la circonspection de son aimable et indulgente fille, elle jugea qu'elle étoit
fort malheureuse. Cette lettre peignoit si bien sa
situation et son caractère, que je l'ai retenue
presque mot pour mot. ,

« Très-chère et bien-aimée maman,

« Je vous ai déja écrit plusieurs lettres de
« mon écriture; et comme je n'en ai pas eu de
« réponse, j'ai lieu de craindre qu'elles ne vous
« soient point parvenues. J'espère mieux de
« celle-ci, par les précautions que j'ai prises
« pour vous donner de mes nouvelles, et pour
« recevoir des vôtres.

« J'ai versé bien des larmes depuis notre sé-
« paration, moi qui n'avois presque jamais
« pleuré que sur les maux d'autrui! Ma grand'-
« tante fut bien surprise à mon arrivée, lorsque
« m'ayant questionnée sur mes talens, je lui dis
« que je ne savois ni lire ni écrire. Elle me de-
« manda qu'est-ce que j'avois donc appris depuis
« que j'étois au monde; et quand je lui eus ré-

« pondu que c'étoit à avoir soin d'un ménage et
« à faire votre volonté, elle me dit que j'avois
« reçu l'éducation d'une servante. Elle me mit,
« dès le lendemain, en pension dans une grande
« abbaye auprès de Paris, où j'ai des maîtres de
« toute espèce; ils m'enseignent, entre autres
« choses, l'histoire, la géographie, la grammaire,
« la mathématique, et à monter à cheval; mais
« j'ai de si faibles dispositions pour toutes ces
« sciences, que je ne profiterai pas beaucoup
« avec ces messieurs. Je sens que je suis une
« pauvre créature qui ai peu d'esprit, comme ils
« le font entendre. Cependant, les bontés de ma
« tante ne se refroidissent point. Elle me donne
« des robes nouvelles à chaque saison. Elle a
« mis près de moi deux femmes-de-chambre,
« qui sont aussi bien parées que des grandes
« dames. Elle m'a fait prendre le titre de com-
« tesse; mais elle m'a fait quitter mon nom de
« LA TOUR, qui m'étoit aussi cher qu'à vous-
« même, par tout ce que vous m'avez raconté
« des peines que mon père avoit souffertes pour
« vous épouser. Elle a remplacé votre nom de
« femme par celui de votre famille, qui m'est
« encore cher cependant, parce qu'il a été votre
« nom de fille. Me voyant dans une situation
« aussi brillante, je l'ai suppliée de vous envoyer

« quelques secours. Comment vous rendre sa
« réponse? mais vous m'avez recommandé de
« vous dire toujours la vérité. Elle m'a donc ré-
« pondu que peu ne vous serviroit à rien, et que,
« dans la vie simple que vous menez, beaucoup
« vous embarrasseroit. J'ai cherché d'abord à
« vous donner de mes nouvelles par une main
« étrangère, au défaut de la mienne. Mais n'ayant
« à mon arrivée ici, personne en qui je pusse
« prendre confiance, je me suis appliquée nuit
« et jour à apprendre à lire et à écrire; Dieu
« m'a fait la grâce d'en venir à bout en peu de
« temps. J'ai chargé de l'envoi de mes premières
« lettres les dames qui sont autour de moi: j'ai
« lieu de croire qu'elles les ont remises à ma
« grand'tante. Cette fois j'ai eu recours à une
« pensionnaire de mes amies ; c'est sous son
« adresse ci-jointe que je vous prie de me faire
« passer vos réponses. Ma grand'tante m'a inter-
« dit toute correspondance au-dehors, qui pour-
« roit, selon elle, mettre obstacle aux grandes
« vues qu'elle a sur moi. Il n'y a qu'elle qui
« puisse me voir à la grille, ainsi qu'un vieux
« seigneur de ses amis, qui a, dit-elle, beaucoup
« de goût pour ma personne. Pour dire la vérité,
« je n'en ai point du tout pour lui, quand même
« j'en pourrois prendre pour quelqu'un.

« Je vis au milieu de l'éclat de la fortune, et
« je ne peux disposer d'un sou. On dit que si
« j'avois de l'argent, cela tireroit à conséquence.
« Mes robes mêmes appartiennent à mes fem-
« mes-de-chambre, qui se les disputent avant
« que je les aie quittées. Au sein des richesses,
« je suis bien plus pauvre que je ne l'étois auprès
« de vous; car je n'ai rien à donner. Lorsque
« j'ai vu que les grands talens que l'on m'ensei-
« gnoit ne me procuroient pas la facilité de faire
« le plus petit bien, j'ai eu recours à mon aiguille,
« dont heureusement vous m'avez appris à faire
« usage. Je vous envoie donc plusieurs paires
« de bas de ma façon, pour vous et maman Mar-
« guerite, un bonnet pour Domingue, et un de
« mes mouchoirs rouges pour Marie : je joins à
« ce paquet, des pepins et des noyaux des fruits
« de mes collations, avec des graines de toutes
« sortes d'arbres, que j'ai recueillies, à mes
« heures de récréation, dans le parc de l'abbaye.
« J'y ai ajouté aussi des semences de violettes,
« de marguerites, de bassinets, de coquelicots,
« de bluets, de scabieuses, que j'ai ramassées
« dans les champs. Il y a dans les prairies de ce
« pays, de plus belles fleurs que dans les nôtres;
« mais personne ne s'en soucie. Je suis sûre que
« vous et maman Marguerite serez plus con-

« tentes de ce sac de graines, que du sac de
« piastres qui a été la cause de notre sépara-
« tion et de mes larmes. Ce sera une grande
« joie pour moi, si vous avez un jour la satis-
« faction de voir des pommiers croître auprès
« de nos bananiers, et des hêtres mêler leurs
« feuillages à celui de nos cocotiers. Vous vous
« croirez dans la Normandie que vous aimez
« tant.

« Vous m'avez enjoint de vous mander mes
« joies et mes peines. Je n'ai plus de joies loin
« de vous: pour mes peines, je les adoucis en
« pensant que je suis dans un poste où vous
« m'avez mise par la volonté de Dieu. Mais le
« plus grand chagrin que j'y éprouve, est que
« personne ne me parle ici de vous, et que je n'en
« puis parler à personne. Mes femmes-de-cham-
« bre, ou plutôt celles de ma grand'tante, car
« elles sont plus à elle qu'à moi, me disent, lors-
« que je cherche à amener la conversation sur
« des objets qui me sont si chers: Mademoiselle,
« souvenez-vous que vous êtes Française, et
« que vous devez oublier le pays des sauvages.
« Ah! je m'oublierois plutôt moi-même, que
« d'oublier le lieu où je suis née, et où vous vi-
« vez! C'est ce pays-ci qui est pour moi un pays
« de sauvages; car j'y vis seule, n'ayant per-

« sonne à qui je puisse faire part de l'amour que
« vous portera jusqu'au tombeau,

  « Très-chère et bien-aimée maman,

   « Votre obéissante et tendre fille,

    « VIRGINIE DE LA TOUR. »

  « Je recommande à vos bontés, Marie et Do-
« mingue, qui ont pris tant de soin de mon en-
« fance : caressez pour moi Fidèle, qui m'a
« retrouvée dans les bois. »

Paul fut bien étonné de ce que Virginie ne
parloit pas du tout de lui, elle qui n'avoit pas
oublié, dans ses ressouvenirs, le chien de la
maison; mais il ne savoit pas que, quelque
longue que soit la lettre d'une femme, elle n'y
met jamais sa pensée la plus chère qu'à la fin.
 Dans un post-scriptum, Virginie recomman-
doit particulièrement à Paul deux espèces de
graines; celles de violettes et de scabieuses.
Elle lui donnoit quelques instructions sur les
caractères de ces plantes, et sur les lieux les plus
propres à les semer. « La violette, lui mandoit-
« elle, produit une petite fleur d'un violet foncé,
« qui aime à se cacher sous les buissons; mais

« son charmant parfum l'y fait bientôt décou-
« vrir. » Elle lui enjoignoit de la semer sur le
bord de la fontaine, au pied de son cocotier.
« La scabieuse, ajoutoit-elle, donne une jolie
« fleur d'un bleu mourant, et à fond noir piqueté
« de blanc. On la croiroit en deuil. On l'appelle
« aussi, pour cette raison, fleur de veuve. Elle
« se plaît dans les lieux âpres et battus des
« vents. » Elle le prioit de la semer sur le rocher
où elle lui avoit parlé la nuit, la dernière fois,
et de donner à ce rocher, pour l'amour d'elle,
le nom du Rocher des Adieux.

Elle avoit renfermé ces semences dans une
petite bourse dont le tissu étoit fort simple,
mais qui parut sans prix à Paul, lorsqu'il y
aperçut un P et un V entrelacés, et formés de
cheveux qu'il reconnut à leur beauté pour être
ceux de Virginie.

La lettre de cette sensible et vertueuse demoiselle fit verser des larmes à toute la famille. Sa
mère lui répondit, au nom de la société, de rester ou de revenir à son gré, l'assurant qu'ils
avoient tous perdu la meilleure partie de leur
bonheur depuis son départ, et que pour elle en
particulier, elle en étoit inconsolable.

Paul lui écrivit une lettre fort longue, où il
l'assuroit qu'il alloit rendre le jardin digne

d'elle, et y mêler les plantes de l'Europe à celles
de l'Afrique, ainsi qu'elle avoit entrelacé leurs
noms dans son ouvrage. Il lui envoyoit des
fruits des cocotiers de sa fontaine, parvenus à
une maturité parfaite. Il n'y joignoit, ajoutoit-il,
aucune autre semence de l'île, afin que le désir
d'en revoir les productions la déterminât à y
revenir promptement. Il la supplioit de se rendre au plus tôt aux vœux ardens de leur famille,
et aux siens particuliers, puisqu'il ne pouvoit
désormais goûter aucune joie loin d'elle.

Paul sema avec le plus grand soin les graines
européennes, et sur-tout celles de violettes et
de scabieuses, dont les fleurs sembloient avoir
quelque analogie avec le caractère et la situation
de Virginie, qui les lui avoit si particulièrement
recommandées; mais, soit qu'elles eussent été
éventées dans le trajet, soit plutôt que le climat de cette partie de l'Afrique ne leur soit pas
favorable, il n'en germa qu'un petit nombre,
qui ne put venir à sa perfection.

Cependant l'envie, qui va même au-devant du
bonheur des hommes, sur-tout dans les colonies
rançaises, répandit dans l'île, des bruits qui
donnoient beaucoup d'inquiétude à Paul. Les
gens du vaisseau qui avoit apporté la lettre de
Virginie, assuroient qu'elle étoit sur le point de

se marier: ils nommoient le seigneur de la cour
qui devoit l'épouser; quelques-uns même disoient que la chose étoit faite, et qu'ils en
avoient été témoins. D'abord, Paul méprisa des
nouvelles apportées par un vaisseau de commerce,
qui en répand souvent de fausses sur les lieux de
son passage. Mais comme plusieurs habitans de
l'île, par une pitié perfide, s'empressoient de le
plaindre de cet événement, il commença à y
ajouter quelque croyance. D'ailleurs, dans quelques-uns des romans qu'il avoit lus, il voyoit la
trahison traitée de plaisanterie; et comme il savoit que ces livres renfermoient des peintures
assez fidèles des mœurs de l'Europe, il craignit
que la fille de madame de la Tour ne vint à s'y
corrompre, et à oublier ses anciens engagemens.
Ses lumières le rendoient déjà malheureux. Ce
qui acheva d'augmenter ses craintes, c'est que
plusieurs vaisseaux d'Europe arrivèrent ici depuis, dans l'espace de six mois, sans qu'aucun
d'eux apportât des nouvelles de Virginie.

Cet infortuné jeune homme, livré à toutes les
agitations de son cœur, venoit me voir souvent
pour confirmer ou pour bannir ses inquiétudes
par mon expérience du monde.

Je demeure, comme je vous l'ai dit, à une
lieue et demie d'ici, sur les bords d'une petite

rivière qui coule le long de la Montagne-longue. C'est là que je passe ma vie seul, sans femme, sans enfans et sans esclaves.

Après le rare bonheur de trouver une compagne qui nous soit bien assortie, l'état le moins malheureux de la vie est sans doute de vivre seul. Tout homme qui a eu beaucoup à se plaindre des hommes, cherche la solitude. Il est même très-remarquable que tous les peuples malheureux par leurs opinions, leurs mœurs ou leurs gouvernemens, ont produit des classes nombreuses de citoyens entièrement dévoués à la solitude et au célibat. Tels ont été les Egyptiens dans leur décadence, les Grecs du bas-empire; et tels sont de nos jours les Indiens, les Chinois, les Grecs modernes, les Italiens, et la plupart des peuples orientaux et méridionaux de l'Europe. La solitude ramène en partie l'homme au bonheur naturel, en éloignant de lui le malheur social. Au milieu de nos sociétés, divisées par tant de préjugés, l'ame est dans une agitation continuelle; elle roule sans cesse en elle-même mille opinions turbulentes et contradictoires, dont les membres d'une société ambitieuse et misérable cherchent à se subjuguer les uns les autres. Mais dans la solitude, elle dépose ces illusions étran-

8

gères qui la troublent; elle reprend le sentiment
simple d'elle-même, de la nature et de son auteur. Ainsi l'eau bourbeuse d'un torrent qui
ravage les campagnes, venant à se répandre dans
quelque petit bassin écarté de son cours, dépose
ses vases au fond de son lit, reprend sa première
limpidité, et, redevenue transparente, réfléchit
avec ses propres rivages, la verdure de la terre
et la lumière des cieux. La solitude rétablit aussi
bien les harmonies du corps que celle de l'âme.
C'est dans la classe des solitaires que se trouvent
les hommes qui poussent le plus loin la carrière
de la vie; tels sont les brames de l'Inde. Enfin,
je la crois si nécessaire au bonheur dans le
monde même, qu'il me paroît impossible d'y
goûter un plaisir durable, de quelque sentiment
que ce soit, ou de régler sa conduite sur quelque principe stable, si l'on ne se fait une solitude intérieure, d'où notre opinion sorte bien
rarement, et où celle d'autrui n'entre jamais. Je
ne veux pas dire toutefois que l'homme doive
vivre absolument seul : il est lié avec tout le
genre humain par ses besoins; il doit donc ses
travaux aux hommes; il se doit aussi au reste de
la nature. Mais comme Dieu a donné à chacun
de nous des organes parfaitement assortis aux
élémens du globe où nous vivons, des pieds

pour le sol, des poumons pour l'air, des yeux pour la lumière, sans que nous puissions intervertir l'usage de ces sens, il s'est réservé pour lui seul, qui est l'auteur de la vie, le cœur, qui en est le principal organe.

Je passe donc mes jours loin des hommes, que j'ai voulu servir, et qui m'ont persécuté. Après avoir parcouru une grande partie de l'Europe et quelques cantons de l'Amérique et de l'Afrique, je me suis fixé dans cette île peu habitée, séduit par sa douce température et par ses solitudes. Une cabane que j'ai bâtie dans la forêt au pied d'un arbre, un petit champ défriché de mes mains, une rivière qui coule devant ma porte, suffisent à mes besoins et à mes plaisirs. Je joins à ces jouissances celle de quelques bons livres, qui m'apprennent à devenir meilleur. Ils font encore servir à mon bonheur le monde même que j'ai quitté : ils me présentent des tableaux des passions qui en rendent les habitans si misérables, et par la comparaison que je fais de leur sort au mien, ils me font jouir d'un bonheur négatif. Comme un homme sauvé du naufrage sur un rocher, je contemple de ma solitude les orages qui frémissent dans le reste du monde ; mon repos même redouble par le bruit lointain de la tempête. Depuis que les hommes ne sont plus sur mon chemin, et que je ne suis plus sur le leur, je ne les hais plus; je les plains. Si je rencontre quelque infortuné, je tâche de venir à son secours par mes conseils, comme un passant sur le bord d'un torrent, tend la main à un malheureux qui s'y noie. Mais je n'ai guère trouvé que l'innocence attentive à ma voix. La nature appelle en vain à elle le reste des hommes; chacun d'eux se fait d'elle une image qu'il revêt de ses propres passions. Il poursuit toute sa vie ce vain fantôme qui l'égare, et il se plaint ensuite au ciel de l'erreur qu'il s'est formée lui-même. Parmi un grand nombre d'infortunés que j'ai quelquefois essayé de ramener à la nature, je n'en ai pas trouvé un seul qui ne fût enivré de ses propres misères. Ils m'écoutoient d'abord avec attention, dans l'espérance que je les aiderois à acquérir de la gloire ou de la fortune; mais voyant que je ne voulois leur apprendre qu'à s'en passer, ils me trouvoient moi-même misérable de ne pas courir après leur malheureux bonheur : ils blâmoient ma vie solitaire; ils prétendoient qu'eux seuls étoient utiles aux hommes, et ils s'efforçoient de m'entraîner dans leur tourbillon. Mais si je me communique à tout le monde, je ne me livre à personne. Souvent il me suffit de moi pour me servir de leçon

à moi-même. Je repasse dans le calme présent
les agitations passées de ma propre vie, auxquelles j'ai donné tant de prix; les protections,
la fortune, la réputation, les voluptés, et les opinions qui se combattent par toute la terre. Je
compare tant d'hommes que j'ai vus se disputer
avec fureur ces chimères, et qui ne sont plus,
aux flots de ma rivière, qui se brisent en écu-
mant contre les rochers de son lit, et disparois-
sent pour ne revenir jamais. Pour moi, je me
laisse entraîner en paix au fleuve du temps, vers
l'océan de l'avenir qui n'a plus de rivages; et
par le spectacle des harmonies actuelles de la
nature, je m'élève vers son auteur, et j'espère
dans un autre monde, de plus heureux destins.

Quoiqu'on n'aperçoive pas de mon hermitage,
situé au milieu d'une forêt, cette multitude
d'objets que nous présente l'élévation du lieu où
nous sommes, il s'y trouve des dispositions inté-
ressantes, surtout pour un homme qui, comme
moi, aime mieux rentrer en lui-même que
s'étendre au dehors. La rivière qui coule devant
ma porte, passe en ligne droite à travers les bois,
en sorte qu'elle me présente un long canal om-
bragé d'arbres de toute sorte de feuillages : il y
a des tatamaques, des bois d'ébène, et de ceux
qu'on appelle ici bois de pomme, bois d'olive et

bois de canelle; des bosquets de palmistes élèvent çà et là leurs colonnes nues, et longues de
plus de cent pieds, surmontées à leurs sommets
d'un bouquet de palmes, et paroissent au-dessus
des autres arbres comme une forêt plantée sur
une autre forêt. Il s'y joint des lianes de divers
feuillages, qui, s'enlaçant d'un arbre à l'autre,
forment ici des arcades de fleurs, là de longues
courtines de verdure. Des odeurs aromatiques
sortent de la plupart de ces arbres, et leurs parfums ont tant d'influence sur les vêtemens
mêmes, qu'on sent ici un homme qui a traversé
une forêt, quelques heures après qu'il en est
sorti. Dans la saison où ils donnent leurs fleurs,
vous les diriez à demi-couverts de neige. A la fin
de l'été, plusieurs espèces d'oiseaux étrangers
viennent, par un instinct incompréhensible, de
régions inconnues, au-delà des vastes mers,
récolter les graines des végétaux de cette île, et
opposent l'éclat de leur couleur à la verdure des
arbres rembrunie par le soleil. Telles sont, entre
autres, diverses espèces de perruches, et les pigeons bleus, appelés ici pigeons hollandois. Les
singes, habitans domiciliés de ces forêts, se
jouent dans leurs sombres rameaux, dont ils se
détachent par leur poil gris et verdâtre, et leur
face toute noire; quelques-uns s'y suspendent

par la queue, et se balancent en l'air; d'autres
sautent de branche en branche, portant leurs
petits dans leurs bras. Jamais le fusil meurtrier
n'y a effrayé ces paisibles enfans de la nature.
On n'y entend que des cris de joie, des gazouil-
lemens et des ramages inconnus de quelques
oiseaux des terres australes, que répètent au loin
les échos de ces forêts. La rivière qui coule en
bouillonnant sur un lit de roche, à travers les
arbres, réfléchit çà et là dans ses eaux limpides,
leurs masses vénérables de verdure et d'ombre,
ainsi que les jeux de leurs heureux habitans : à
mille pas de là, elle se précipite de différens
étages de rocher, et forme à sa chute une nappe
d'eau unie comme le cristal, qui se brise en tom-
bant en bouillons d'écume. Mille bruits confus
sortent de ces eaux tumultueuses; et, dispersés
par les vents dans la forêt, tantôt ils fuient au
loin, tantôt ils se rapprochent tous à-la-fois, et as-
sourdissent comme les sons des cloches d'une ca-
thédrale. L'air, sans cesse renouvelé par le mouvement des eaux, entretient sur les bords de cette
rivière, malgré les ardeurs de l'été, une verdure
et une fraîcheur qu'on trouve rarement dans
cette île, sur le haut même des montagnes.

A quelque distance de là, est un rocher assez
éloigné de la cascade pour qu'on n'y soit pas

étourdi du bruit de ses eaux, et qui en est assez
voisin pour y jouir de leur vue, de leur fraîcheur
et de leur murmure. Nous allions quelquefois,
dans les grandes chaleurs, dîner à l'ombre de ce
rocher, madame de la Tour, Marguerite, Virginie, Paul et moi. Comme Virginie dirigeoit
toujours au bien d'autrui ses actions mêmes les
plus communes, elle ne mangeoit pas un fruit
à la campagne, qu'elle n'en mît en terre les
noyaux ou les pepins. « Il en viendra, disoit-elle,
« des arbres qui donneront leurs fruits à quel-
« que voyageur, ou au moins à un oiseau. » Un
jour donc qu'elle avoit mangé une papaye au
pied de ce rocher, elle y planta les semences de
ce fruit. Bientôt après, il y crût plusieurs pa-
payers, parmi lesquels il y en avoit un femelle,
c'est-à-dire, qui porte des fruits. Cet arbre n'étoit
pas si haut que le genou de Virginie à son départ; mais comme il croit vite, deux ans après il
avoit vingt pieds de hauteur, et son tronc étoit
entouré, dans sa partie supérieure, de plusieurs
rangs de fruits mûrs. Paul s'étant rendu par.
hasard dans ce lieu, fut rempli de joie en voyant
ce grand arbre sorti d'une petite graine qu'il
avoit vu planter par son amie; et en même
temps, il fut saisi d'une tristesse profonde par
ce témoignage de sa longue absence. Les objets

que nous voyons habituellement ne nous font
pas apercevoir de la rapidité de notre vie; ils
vieillissent avec nous d'une vieillesse insensible :
mais ce sont ceux que nous revoyons tout-à-coup
après les avoir perdus quelques années de vue,
qui nous avertissent de la vitesse avec laquelle
s'écoule le fleuve de nos jours. Paul fut aussi
surpris et aussi troublé à la vue de ce grand
papayer chargé de fruits, qu'un voyageur l'est,
après une longue absence de son pays, de n'y
plus retrouver ses contemporains, et d'y voir
leurs enfans, qu'il avoit laissés à la mamelle,
devenus eux-mêmes pères de famille. Tantôt il
vouloit l'abattre, parce qu'il lui rendoit trop sensible la longueur du temps qui s'étoit écoulé
depuis le départ de Virginie; tantôt, le considé-
rant comme un monument de sa bienfaisance,
il baisoit son tronc, et lui adressoit des paroles
pleines d'amour et de regrets. O arbre dont la
postérité existe encore dans nos bois, je vous ai
vu moi-même avec plus d'intérêt et de vénéra-
tion que les arcs de triomphe des Romains!
Puisse la nature, qui détruit chaque jour les monumens de l'ambition des rois, multiplier dans
nos forêts ceux de la bienfaisance d'une jeune et
pauvre fille!

C'étoit donc au pied de ce papayer que j'étois

sûr de rencontrer Paul quand il venoit dans
mon quartier. Un jour, je l'y trouvai accablé de
mélancolie, et j'eus avec lui une conversation
que je vais vous rapporter, si je ne vous suis
point trop ennuyeux par mes longues digres-
sions, pardonnables à mon âge et à mes dernières amitiés. Je vous la raconterai en forme de
dialogue, afin que vous jugiez du bon sens naturel de ce jeune homme; et il vous sera aisé de
faire la différence des interlocuteurs, par le sens
de ses questions et de mes réponses.

Il me dit :

« Je suis bien chagrin. Mademoiselle de la
« Tour est partie depuis deux ans et deux mois ;
« et depuis huit mois et demi, elle ne nous a
« pas donné de ses nouvelles. Elle est riche ; je
« suis pauvre : elle m'a oublié. J'ai envie de
« m'embarquer ; j'irai en France, j'y servirai le
« roi ; j'y ferai fortune, et la grand'tante de ma-
« demoiselle de la Tour me donnera sa petite
« nièce en mariage, quand je serai devenu un
« grand seigneur.

LE VIEILLARD.

« Oh mon ami ! ne m'avez-vous pas dit que
« vous n'aviez pas de naissance ?

PAUL.

« Ma mère me l'a dit; car pour moi, je ne sais
« ce que c'est que la naissance. Je ne me suis
« jamais aperçu que j'en eusse moins qu'un au-
« tre, ni que les autres en eussent plus que moi.

LE VIEILLARD.

« Le défaut de naissance vous ferme en France
« le chemin aux grands emplois. Il y a plus:
« vous ne pouvez même être admis dans aucun
« corps distingué.

PAUL.

« Vous m'avez dit plusieurs fois qu'une des
« causes de la grandeur de la France, étoit que
« le moindre sujet pouvoit y parvenir à tout,
« et vous m'avez cité beaucoup d'hommes célè-
« bres, qui, sortis de petits états, avoient fait
« honneur à leur patrie. Vous vouliez donc
« tromper mon courage.

LE VIEILLARD.

« Mon fils, jamais je ne l'abattrai. Je vous ai
« dit la vérité sur les temps passés; mais les

« choses sont bien changées à présent : tout est
« devenu vénal en France ; tout y est aujour-
« d'hui le patrimoine d'un petit nombre de
« familles, ou le partage des corps. Le roi est un
« soleil que les grands et les corps environnent
« comme des nuages ; il est presque impossible
« qu'un de ses rayons tombe sur vous. Autre-
« fois, dans une administration moins compli-
« quée, on a vu ces phénomènes. Alors, les ta-
« lens et le mérite se sont développés de toutes
« parts, comme des terres nouvelles, qui, ve-
« nant à être défrichées, produisent avec tout
« leur suc. Mais les grands rois, qui savent con-
« noître les hommes et les choisir, sont rares.
« Le vulgaire des rois ne se laisse aller qu'aux
« impulsions des grands et des corps qui les
« environnent.

PAUL.

« Mais je trouverai peut-être un de ces grands
« qui me protégera.

LE VIEILLARD.

« Pour être protégé des grands, il faut servir
« leur ambition ou leurs plaisirs. Vous n'y

« réussirez jamais, car vous êtes sans naissance,
« et vous avez de la probité.

PAUL.

« Mais je ferai des actions si courageuses, je
« serai si fidèle à ma parole, si exact dans mes
« devoirs, si zélé et si constant dans mon amitié,
« que je mériterai d'être adopté par quelqu'un
« d'eux, comme j'ai vu que cela se pratiquoit
« dans les histoires anciennes que vous m'avez
« fait lire.

LE VIEILLARD.

« Oh mon ami! chez les Grecs et chez les Ro-
« mains, même dans leur décadence, les grands
« avoient du respect pour la vertu: mais nous
« avons eu une foule d'hommes célèbres en tout
« genre, sortis des classes du peuple, et je n'en
« sache pas un seul qui ait été adopté par une
« grande maison. La vertu, sans nos rois, seroit
« condamnée en France à être éternellement
« plébéienne. Comme je vous l'ai dit, ils la met-
« tent quelquefois en honneur lorsqu'ils l'aper-
« çoivent; mais aujourd'hui, les distinctions qui
« lui étoient réservées ne s'accordent plus que
« pour de l'argent.

« Au défaut d'un grand, je chercherai à plaire
« à un corps. J'épouserai entièrement son esprit
« et ses opinions; je m'en ferai aimer.

LE VIEILLARD.

« Vous ferez donc comme les autres hommes,
« vous renoncerez à votre conscience pour par-
« venir à la fortune ?

PAUL.

« Oh non! je ne chercherai jamais que la
« vérité.

LE VIEILLARD.

« Au lieu de vous faire aimer, vous pourriez
« bien vous faire haïr. D'ailleurs, les corps s'in-
« téressent fort peu à la découverte de la vérité.
« Toute opinion est indifférente aux ambitieux,
« pourvu qu'ils gouvernent.

PAUL.

« Que je suis infortuné! tout me repousse. Je
« suis condamné à passer ma vie dans un travail

« obscur, loin de Virginie! » Et il soupira pro-
fondément.

LE VIEILLARD.

« Que Dieu soit votre unique patron, et le
« genre humain votre corps! Soyez constam-
« ment attaché à l'un et à l'autre. Les familles,
« les corps, les peuples, les rois ont leurs préju-
« gés et leurs passions: il faut souvent les ser-
« vir par des vices. Dieu et le genre humain ne
« nous demandent que des vertus.

« Mais pourquoi voulez-vous être distingué du
« reste des hommes? C'est un sentiment qui n'est
« pas naturel, puisque si chacun l'avoit, chacun
« seroit en état de guerre avec son voisin. Con-
« tentez-vous de remplir votre devoir dans l'état
« où la Providence vous a mis; bénissez votre
« sort, qui vous permet d'avoir une conscience
« à vous, et qui ne vous oblige pas, comme les
« grands, de mettre votre bonheur dans l'opi-
« nion des petits; et comme les petits, de ram-
« per sous les grands pour avoir de quoi vivre.
« Vous êtes dans un pays et dans une condition
« où, pour subsister, vous n'avez besoin ni de
« tromper, ni de flatter, ni de vous avilir, comme
« font la plupart de ceux qui cherchent la fortune
« en Europe; où votre état ne vous interdit au-

« cune vertu; où vous pouvez être impunément
« bon, vrai, sincère, instruit, patient, tem-
« pérant, chaste, indulgent, pieux, sans qu'au-
« cun ridicule vienne flétrir votre sagesse,
« qui n'est encore qu'en fleur. Le ciel vous a
« donné de la liberté, de la santé, une bonne
« conscience et des amis; les rois, dont vous
« ambitionnez la faveur, ne sont pas si heureux.

PAUL.

« Ah! il me manque Virginie! Sans elle, je
« n'ai rien; avec elle, j'aurois tout. Elle seule
« est ma naissance, ma gloire et ma fortune.
« Mais puisque enfin sa parente veut lui donner
« pour mari un homme d'un grand nom, avec
« l'étude et des livres, on devient savant et célè-
« bre; je m'en vais étudier. J'acquerrai de la
« science; je servirai utilement ma patrie par
« mes lumières, sans nuire à personne, et sans
« en dépendre; je deviendrai fameux, et ma
« gloire n'appartiendra qu'à moi.

LE VIEILLARD.

« Mon fils, les talens sont encore plus rares
« que la naissance et que les richesses; et sans

« doute ils sont de plus grands biens, puisque
« rien ne peut les ôter, et que par-tout ils nous
« concilient l'estime publique; mais ils coûtent
« cher. On ne les acquiert que par des privations
« en tout genre, par une sensibilité exquise, qui
« nous rend malheureux au dedans et au dehors,
« par les persécutions de nos contemporains.
« L'homme de robe n'envie point, en France,
« la gloire du militaire, ni le militaire celle de
« l'homme de mer; mais tout le monde y tra-
« versera votre chemin, parce que tout le monde
« s'y pique d'avoir de l'esprit. Vous servirez les
« hommes, dites-vous? Mais celui qui fait pro-
« duire à un terrain une gerbe de blé de plus, leur
« rend un plus grand service que celui qui leur
« donne un livre.

PAUL.

« Oh! celle qui a planté ce papayer, a fait aux
« habitans de ces forêts un présent plus utile et
« plus doux, que si elle leur avoit donné une
« bibliothèque. » Et en même temps il saisit
cet arbre dans ses bras, et le baisa avec transport.

LE VIEILLARD.

« Le meilleur des livres, qui ne prêche que

9

« l'égalité, l'amitié, l'humanité et la concorde,
« l'Evangile, a servi pendant des siècles de pré-
« texte aux fureurs des Européens. Combien de
« tyrannies publiques et particulières s'exercent
« encore en son nom sur la terre! Après cela,
« qui se flattera d'être utile aux hommes par un
« livre? Rappelez-vous quel a été le sort de la
« plupart des philosophes qui leur ont prêché la
« sagesse. Homère, qui l'a revêtue de vers si
« beaux, demandoit l'aumône pendant sa vie.
« Socrate, qui en donna aux Athéniens de si
« aimables leçons, par ses discours et par ses
« mœurs, fut empoisonné juridiquement par
« eux. Son sublime disciple Platon, fut livré à
« l'esclavage par l'ordre du prince même qui le
« protégeoit; et avant eux, Pythagore, qui éten-
« doit l'humanité jusqu'aux animaux, fut brûlé
« vif par les Crotoniates. Que dis-je? la plupart
« même de ces noms illustres sont venus à nous
« défigurés par quelques traits de satire qui les
« caractérisent, l'ingratitude humaine se plaisant
« à les reconnoître là; et si, dans la foule, la
« gloire de quelques-uns est venue nette et pure
« jusqu'à nous, c'est que ceux qui les ont portés
« ont vécu loin de la société de leurs contempo-
« rains : semblables à ces statues qu'on tire
« entières des champs de la Grèce et de l'Italie,

« et qui, pour avoir été ensevelies dans le sein
« de la terre, ont échappé à la fureur des bar-
« bares.

   « Vous voyez donc que pour acquérir la gloire
« orageuse des lettres, il faut bien de la vertu, et
« être prêt à sacrifier sa propre vie. D'ailleurs,
« croyez-vous que cette gloire intéresse en France
« les gens riches? Ils se soucient bien des gens
« de lettres, auxquels la science ne rapporte ni
« dignité dans la patrie, ni gouvernement, ni
« entrée à la cour. On persécute peu dans ce
« siècle indifférent à tout, hors à la fortune e
« aux voluptés; mais les lumières et la vertu n'y
« mènent à rien de distingué, parce que tout est,
« dans l'état, le prix de l'argent. Autrefois, elles
« trouvoient des récompenses assurées dans les
« différentes places de l'église, de la magistrature
« et de l'administration; aujourd'hui, elles ne
« servent qu'à faire des livres. Mais ce fruit, peu
« prisé des gens du monde, est toujours digne de
« son origine céleste. C'est à ces mêmes livres
« qu'il est réservé particulièrement de donner
« de l'éclat à la vertu obscure, de consoler les
« malheureux, d'éclairer les nations, et de dire
« la vérité même aux rois. C'est, sans contredit,
« la fonction la plus auguste dont le ciel puisse
« honorer un mortel sur la terre. Quel est

« l'homme qui ne se console de l'injustice ou du
« mépris de ceux qui disposent de la fortune,
« lorsqu'il pense que son ouvrage ira de siècle
« en siècle et de nations en nations, servir de
« barrière à l'erreur et aux tyrans; et que du
« sein de l'obscurité où il a vécu, il jaillira une
« gloire qui effacera celle de la plupart des rois,
« dont les monumens périssent dans l'oubli,
« malgré les flatteurs qui les élèvent et qui les
« vantent?

PAUL.

« Ah! je ne voudrois cette gloire que pour la
« répandre sur Virginie, et la rendre chère à
« l'univers. Mais vous qui avez tant de connois-
« sances, dites-moi si nous nous marierons? Je
« voudrois être savant, au moins pour connoître
« l'avenir.

LE VIEILLARD.

« Qui voudroit vivre, mon fils, s'il connoissoit
« l'avenir? Un seul malheur prévu nous donne
« tant de vaines inquiétudes! la vue d'un malheur
« certain empoisonneroit tous les jours qui le
« précéderoient. Il ne faut pas même trop appro-
« fondir ce qui nous environne; et le ciel, qui
« nous donna la réflexion pour prévoir nos be-

« soins, nous a donné les besoins pour mettre
« des bornes à notre réflexion.

PAUL.

« Avec de l'argent, dites-vous, on acquiert en
« Europe des dignités et des honneurs. J'irai
« m'enrichir au Bengale pour aller épouser Vir-
« ginie à Paris. Je vais m'embarquer.

LE VIEILLARD.

« Quoi ! vous quitteriez sa mère et la vôtre ?

PAUL.

« Vous m'avez vous-même donné le conseil de
« passer aux Indes.

LE VIEILLARD.

« Virginie étoit alors ici. Mais vous êtes main-
« tenant l'unique soutien de votre mère et de la
« sienne.

PAUL.

« Virginie leur fera du bien par sa riche pa-
« rente.

LE VIEILLARD.

« Les riches n'en font guère qu'à ceux qui
« leur font honneur dans le monde. Ils ont des
« parens bien plus à plaindre que madame de la
« Tour, qui, faute d'être secourus par eux, sacri-
« fient leur liberté pour avoir du pain, et passent
« leur vie renfermés dans des couvens.

PAUL.

« Quel pays que l'Europe! Oh! il faut que
« Virginie revienne ici. Qu'a-t-elle besoin d'avoir
« une parente riche? Elle étoit si contente sous
« ces cabanes, si jolie et si bien parée avec un
« mouchoir rouge ou des fleurs autour de sa tête!
« Reviens, Virginie! quitte tes hôtels et tes
« grandeurs. Reviens dans ces rochers, à l'ombre
« de ces bois et de nos cocotiers. Hélas! tu es
« peut-être maintenant malheureuse... » Et il se
mettoit à pleurer. « Mon père, ne me cachez
« rien : si vous ne pouvez me dire si j'épouserai
« Virginie, au moins apprenez-moi si elle m'aime
« encore, au milieu de ces grands seigneurs qui
« parlent au roi, et qui la vont voir?

LE VIEILLARD.

« Oh! mon ami, je suis sûr qu'elle vous aime,
« par plusieurs raisons, mais sur-tout parce qu'elle

« a de la vertu. » A ces mots il me sauta au cou,
transporté de joie.

PAUL.

« Mais croyez-vous les femmes d'Europe
« fausses comme on les représente dans les co-
« médies et dans les livres que vous m'avez
« prêtés ?

LE VIEILLARD.

« Les femmes sont fausses dans les pays où les
« hommes sont tyrans. Par-tout la violence pro-
« duit la ruse.

PAUL.

« Comment peut-on être tyran des femmes ?

LE VIEILLARD

« En les mariant sans les consulter, une jeune
« fille avec un vieillard, une femme sensible avec
« un homme indifférent.

PAUL.

« Pourquoi ne pas marier ensemble ceux qui

« se conviennent, les jeunes avec les jeunes, les
« amans avec les amantes ?

LE VIEILLARD.

« C'est que la plupart des jeunes gens, en
« France, n'ont pas assez de fortune pour se ma-
« rier, et qu'ils n'en acquièrent qu'en devenant
« vieux. Jeunes, ils corrompent les femmes de
« leurs voisins ; vieux, ils ne peuvent fixer l'af-
« fection de leurs épouses. Ils ont trompé étant
« jeunes ; on les trompe à leur tour étant vieux.
« C'est une des réactions de la justice universelle
« qui gouverne le monde. Un excès y balance
« toujours un autre excès. Ainsi la plupart des
« Européens passent leur vie dans ce double dé-
« sordre, et ce désordre augmente dans une so-
« ciété, à mesure que les richesses s'y accumulent
« sur un moindre nombre de têtes. L'état est
« semblable à un jardin, où les petits arbres ne
« peuvent venir s'il y en a de trop grands qui les
« ombragent ; mais il y a cette différence, que la
« beauté d'un jardin peut résulter d'un petit
« nombre de grands arbres, et que la prospérité
« d'un état dépend toujours de la multitude et de
« l'égalité des sujets, et non pas d'un petit nom-
« bre de riches.

PAUL.

« Mais, qu'est-il besoin d'être riche pour se
« marier ?

LE VIEILLARD.

« Afin de passer ses jours dans l'abondance,
« sans rien faire.

PAUL.

« Et pourquoi ne pas travailler ? je travaille
« bien moi.

LE VIEILLARD.

« C'est qu'en Europe le travail des mains dés-
« honore. On l'appelle travail mécanique. Celui
« même de labourer la terre y est le plus méprisé
« de tous. Un artisan y est bien plus estimé qu'un
« paysan.

PAUL.

« Quoi ! l'art qui nourrit les hommes est mé-
« prisé en Europe ! Je ne vous comprends pas.

LE VIEILLARD.

« Oh ! il n'est pas possible à un homme élevé

« dans la nature, de comprendre les déprava-
« tions de la société. On se fait une idée précise
« de l'ordre, mais non pas du désordre. La beauté,
« la vertu, le bonheur, ont des proportions ; la
« laideur, le vice et le malheur n'en ont point.

PAUL.

« Les gens riches sont donc bienheureux ! Ils
« ne trouvent d'obstacles à rien ; ils peuvent
« combler de plaisirs les objets qu'ils aiment.

LE VIEILLARD.

« Ils sont la plupart usés sur tous les plaisirs,
« par cela même qu'ils ne leur coûtent aucunes
« peines. N'avez-vous pas éprouvé que le plaisir
« du repos s'achète par la fatigue ; celui de man-
« ger, par la faim ; celui de boire, par la soif ?
« Hé bien, celui d'aimer et d'être aimé, ne s'ac-
« quiert que par une multitude de privations
« et de sacrifices. Les richesses ôtent aux ri-
« ches tous ces plaisirs-là, en prévenant leurs
« besoins. Joignez à l'ennui qui suit leur satiété,
« l'orgueil qui naît de leur opulence, et que la
« moindre privation blesse, lors même que les
« plus grandes jouissances ne le flattent plus. Le

« parfum de mille roses ne plaît qu'un instant ;
« mais la douleur que cause une seule de leurs
« épines, dure long-temps après sa piqûre. Un
« mal au milieu des plaisirs est pour les riches
« une épine au milieu des fleurs. Pour les pau-
« vres, au contraire, un plaisir au milieu des
« maux est une fleur au milieu des épines ; ils
« en goûtent vivement la jouissance. Tout effet
« augmente par son contraste. La nature a tout
« balancé. Quel état, à tout prendre, croyez-vous
« préférable, de n'avoir presque rien à espérer et
« tout à craindre, ou presque rien à craindre et
« tout à espérer ? Le premier état est celui des
« riches, et le second celui des pauvres. Mais ces
« extrêmes sont également difficiles à supporter
« aux hommes, dont le bonheur consiste dans la
« médiocrité et la vertu.

PAUL.

« Qu'entendez-vous par la vertu ?

LE VIEILLARD.

« Mon fils ! vous qui soutenez vos parens par
« vos travaux, vous n'avez pas besoin qu'on vous
« la définisse. La vertu est un effort fait sur nous-

« mêmes pour le bien d'autrui, dans l'intention
« de plaire à Dieu seul.

PAUL.

« Oh que Virginie est vertueuse! C'est par
« vertu qu'elle a voulu être riche, afin d'être
« bienfaisante. C'est par vertu qu'elle est par-
« tie de cette île : la vertu l'y ramènera. »
L'idée de son retour prochain allumant l'imagination de ce jeune homme, toutes ses inquiétudes s'évanouissoient. Virginie n'avoit point
écrit, parce qu'elle alloit arriver. Il falloit
si peu de temps pour venir d'Europe avec un
bon vent! Il faisoit l'énumération des vaisseaux
qui avoient fait ce trajet de quatre mille cinq
cents lieues en moins de trois mois. Le vaisseau
où elle s'étoit embarquée n'en mettroit pas plus
de deux. Les constructeurs étoient aujourd'hui
si savans, et les marins si habiles! Il parloit des
arrangements qu'il alloit faire pour la recevoir,
du nouveau logement qu'il alloit bâtir, des plaisirs et des surprises qu'il lui ménageroit chaque
jour, quand elle seroit sa femme. Sa femme!...
cette idée le ravissoit. Au moins, mon père, me
disoit-il, vous ne ferez plus rien que pour votre
plaisir. Virginie étant riche, nous aurons beau-

coup de noirs qui travailleront pour vous. Vous
serez toujours avec nous, n'ayant d'autre souci
que celui de vous amuser et de vous réjouir. Et
il alloit, hors de lui, porter à sa famille la joie
dont il étoit enivré.

En peu de temps, les grandes craintes succèdent aux grandes espérances. Les passions vio-
lentes jettent toujours l'ame dans les extrémités
opposées. Souvent, dès le lendemain, Paul revenoit me voir, accablé de tristesse. Il me disoit ;
« Virginie ne m'écrit point. Si elle étoit partie
« d'Europe, elle m'auroit mandé son départ. Ah !
« les bruits qui ont couru d'elle ne sont que trop
« fondés. Sa tante l'a mariée à un grand seigneur.
« L'amour des richesses l'a perdue comme tant
« d'autres. Dans ces livres qui peignent si bien
« les femmes, la vertu n'est qu'un sujet de ro-
« man. Si Virginie avoit eu de la vertu, elle
« n'auroit pas quitté sa propre mère et moi. Pen-
« dant que je passe ma vie à penser à elle, elle
« m'oublie. Je m'afflige, et elle se divertit. Ah !
« cette pensée me désespère. Tout travail me
« déplait ; toute société m'ennuie. Plût à Dieu
« que la guerre fût déclarée dans l'Inde ! j'irois
« y mourir. »

« Mon fils, lui répondis-je, le courage qui nous
« jette dans la mort, n'est que le courage d'un

« instant. Il est souvent excité par les vains ap-
« plaudissemens des hommes. Il en est un plus
« rare et plus nécessaire, qui nous fait supporter
« chaque jour, sans témoin et sans éloge, les
« traverses de la vie : c'est la patience. Elle s'ap-
« puie, non sur l'opinion d'autrui ou sur l'im-
« pulsion de nos passions, mais sur la volonté
« de Dieu. La patience est le courage de la vertu. »

« Ah ! s'écria-t-il, je n'ai donc point de vertu !
« Tout m'accable et me désespère. — La vertu,
« repris-je, toujours égale, constante, invariable,
« n'est pas le partage de l'homme. Au milieu de
« tant de passions qui nous agitent, notre raison
« se trouble et s'obscurcit ; mais il est des phares où
« nous pouvons en rallumer le flambeau ; ce sont
« les lettres.

« Les lettres, mon fils, sont un secours du ciel.
« Ce sont des rayons de cette sagesse qui gouverne
« l'univers, que l'homme, inspiré par un art cé-
« leste, a appris à fixer sur la terre. Semblables
« aux rayons du soleil, elles éclairent, elles ré-
« jouissent, elles échauffent ; c'est un feu divin.
« Comme le feu, elles approprient toute la nature
« à notre usage. Par elles, nous réunissons autour
« de nous, les choses, les lieux, les hommes et
« les temps. Ce sont elles qui nous rappellent
« aux règles de la vie humaine. Elles calment les

« passions ; elles répriment les vices ; elles exci-
« tent les vertus par les exemples augustes des
« gens de bien qu'elles célèbrent, et dont elles
« nous présentent les images toujours honorées.
« Ce sont des filles du ciel qui descendent sur la
« terre pour charmer les maux du genre humain.
« Les grands écrivains qu'elles inspirent ont tou-
« jours paru dans les temps les plus difficiles à
« supporter à toute société, les temps de bar-
« barie et ceux de dépravation. Mon fils, les
« lettres ont consolé une infinité d'hommes plus
« malheureux que vous : Xénophon, exilé de sa
« patrie après y avoir ramené dix mille Grecs ;
« Scipion l'Africain, lassé des calomnies des Ro-
« mains ; Lucullus, de leurs brigues ; Catinat, de
« l'intrigue de sa cour. Les Grecs, si ingénieux,
« avoient réparti à chacune des Muses qui prési-
« dent aux lettres, une partie de notre entende-
« ment pour le gouverner : nous devons donc
« leur donner nos passions à régir, afin qu'elles
« leur imposent un joug et un frein. Elles doi-
« vent remplir, par rapport aux puissances de
« notre âme, les mêmes fonctions que les Heures
« qui atteloient et conduisoient les chevaux du
« soleil.

« Lisez donc, mon fils. Les sages qui ont écrit
« avant nous, sont des voyageurs qui nous ont

« précédés dans les sentiers de l'infortune, qui
« nous tendent la main et nous invitent à nous
« joindre à leur compagnie lorsque tout nous
« abandonne. Un bon livre est un bon ami. »

« Ah! s'écrioit Paul, je n'avois pas besoin de
« savoir lire quand Virginie étoit ici. Elle n'avoit
« pas plus étudié que moi; mais quand elle me
« regardoit en m'appelant son ami, il m'étoit im-
« possible d'avoir du chagrin. »

« Sans doute, lui disois-je, il n'y a point d'ami
« aussi agréable qu'une maitresse qui nous aime.
« Il y a de plus, dans la femme, une gaieté lé-
« gère qui dissipe la tristesse de l'homme. Ses
« graces font évanouir les noirs fantômes de la
« réflexion. Sur son visage sont les doux attraits
« et la confiance. Quelle joie n'est rendue plus
« vive par sa joie? quel front ne se déride à son
« sourire? quelle colère résiste à ses larmes?
« Virginie reviendra avec plus de philosophie
« que vous n'en avez. Elle sera bien surprise de
« ne pas retrouver le jardin tout-à-fait rétabli,
« elle qui ne songe qu'à l'embellir, malgré les
« persécutions de sa parente, loin de sa mère et
« de vous. »

L'idée du retour prochain de Virginie renou-
veloit le courage de Paul, et le ramenoit à ses
occupations champêtres. Heureux au milieu de

ses peines, de proposer à son travail une fin qui plaisoit à sa passion!

Un matin, au point du jour (c'étoit le 24 décembre 1744), Paul, en se levant, aperçut un pavillon blanc arboré sur la montagne de la Découverte. Ce pavillon étoit le signalement d'un vaisseau qu'on voyoit en mer. Paul courut à la ville pour savoir s'il n'apportoit pas des nouvelles de Virginie. Il y resta jusqu'au retour du pilote du port, qui s'étoit embarqué pour aller le reconnoître, suivant l'usage. Cet homme ne revint que le soir. Il rapporta au gouverneur que le vaisseau signalé étoit le Saint-Géran, du port de 700 tonneaux, commandé par un capitaine appelé M. Aubin; qu'il étoit à quatre lieues au large, et qu'il ne mouilleroit au Port-Louis que le lendemain dans l'après-midi, si le vent étoit favorable. Il n'en faisoit point du tout alors. Le pilote remit au gouverneur des lettres que ce vaisseau apportoit de France. Il y en avoit une pour madame de la Tour, de l'écriture de Virginie. Paul s'en saisit aussitôt, la baisa avec transport, la mit dans son sein, et courut à l'habitation. Du plus loin qu'il aperçut la famille, qui attendoit son retour sur le rocher des Adieux, il éleva la lettre en l'air sans pouvoir parler; et aussitôt tout le monde se rassembla chez madame de la Tour,

10

pour en entendre la lecture. Virginie mandoit
à sa mère qu'elle avoit éprouvé beaucoup de
mauvais procédés de la part de sa grand'tante,
qui l'avoit voulu marier malgré elle, ensuite déshéritée, et enfin renvoyée dans un temps qui ne
lui permettoit d'arriver à l'île de France que dans
la saison des ouragans; qu'elle avoit essayé en
vain de la fléchir, en lui représentant ce qu'elle
devoit à sa mère et aux habitudes du premier
âge; qu'elle en avoit été traitée de fille insensée,
dont la tête étoit gâtée par les romans; qu'elle
n'étoit maintenant sensible qu'au bonheur de
revoir et d'embrasser sa chère famille, et qu'elle
eût satisfait cet ardent désir dès le jour même,
si le capitaine lui eût permis de s'embarquer dans
la chaloupe du pilote; mais qu'il s'étoit opposé
à son départ, à cause de l'éloignement de la terre,
et d'une grosse mer qui régnoit au large, malgré
le calme des vents.

A peine cette lettre fut lue, que toute la famille
transportée de joie, s'écria : « Virginie est arrivée! » Maîtresse et serviteurs, tous s'embras-
sèrent. Madame de la Tour dit à Paul : « Mon
« fils, allez prévenir notre voisin de l'arrivée de
« Virginie. » Aussitôt Domingue alluma un
flambeau de bois de ronde, et Paul et lui s'ache-
minèrent vers mon habitation.

Il pouvoit être dix heures du soir. Je venois d'éteindre ma lampe et de me coucher, lorsque j'aperçus à travers les palissades de ma cabane, une lumière dans les bois. Bientôt après, j'entendis la voix de Paul qui m'appeloit. Je me lève; et à peine j'étois habillé, que Paul, hors de lui et tout essoufflé, me saute au cou en me disant : « Allons, allons, Virginie est arrivée. Allons au « port, le vaisseau y mouillera au point du jour. »

Sur-le-champ nous nous mettons en route. Comme nous traversions les bois de la Montagne-longue, et que nous étions déjà sur le chemin qui mène des Pamplemousses au port, j'entendis quelqu'un marcher derrière nous. C'étoit un noir qui s'avançoit à grands pas. Dès qu'il nous eut atteints, je lui demandai d'où il venoit et où il alloit en si grande hâte. Il me répondit : « Je « viens du quartier de l'île appelé la Poudre-d'or : « on m'envoie au port, avertir le gouverneur « qu'un vaisseau de France est mouillé sous l'île « d'Ambre. Il tire du canon pour demander du « secours, car la mer est bien mauvaise. » Cet homme ayant ainsi parlé, continua sa route sans s'arrêter davantage.

Je dis alors à Paul: « Allons vers le quartier « de la Poudre-d'or, au-devant de Virginie; il « n'y a que trois lieues d'ici. » Nous nous mîmes

donc en route vers le nord de l'ile. Il faisoit une
chaleur étouffante. La lune étoit levée; on
voyoit autour d'elle trois grands cercles noirs.
Le ciel étoit d'une obscurité affreuse. On distinguoit, à la lueur fréquente des éclairs, de longues files de nuages épais, sombres, peu élevés,
qui s'entassoient vers le milieu de l'ile, et venoient de la mer avec une grande vitesse, quoiqu'on ne sentit pas le moindre vent à terre.
Chemin faisant, nous crûmes entendre rouler le
tonnerre; mais ayant prêté l'oreille attentive-
ment, nous reconnûmes que c'étoient des coups
de canon répétés par les échos. Ces coups de
canon lointains, joints à l'aspect d'un ciel orageux, me firent frémir. Je ne pouvois douter
qu'ils ne fussent les signaux de détresse d'un
vaisseau en perdition. Une demi-heure après,
nous n'entendimes plus tirer du tout; et ce silence me parut encore plus effrayant que le bruit
lugubre qui l'avoit précédé.

Nous nous hâtions d'avancer, sans dire un
mot, et sans oser nous communiquer nos inquiétudes. Vers minuit, nous arrivâmes tout en nage
sur le bord de la mer, au quartier de la Poudre-
d'or. Les flots s'y brisoient avec un bruit épou-
vantable; ils en couvroient les rochers et les
grèves d'écume d'un blanc éblouissant et d'étin-

celles de feu. Malgré les ténèbres, nous distin-
guâmes à ces lueurs phosphoriques, les pirogues
des pêcheurs, qu'on avoit tirées bien avant sur
le sable.

A quelque distance de là, nous vîmes, à l'entrée du bois, un feu autour duquel plusieurs
habitans s'étoient rassemblés. Nous fûmes nous
y reposer en attendant le jour. Pendant que
nous étions assis auprès de ce feu, un des habitans nous raconta que dans l'après-midi, il avoit
vu un vaisseau en pleine mer porté sur l'ile par
les courans; que la nuit l'avoit dérobé à sa vue;
que deux heures après le coucher du soleil, il
l'avoit entendu tirer du canon pour appeler du
secours, mais que la mer étoit si mauvaise,
qu'on n'avoit pu mettre aucun bateau dehors
pour aller à lui; que bientôt après, il avoit cru
apercevoir ses fanaux allumés, et que, dans ce
cas, il craignoit que le vaisseau venu si près du
rivage, n'eût passé entre la terre et la petite île
d'Ambre, prenant celle-ci pour le Coin-de-Mire,
près duquel passent les vaisseaux qui arrivent
au Port-Louis; que si cela étoit, ce qu'il ne pouvoit toutefois affirmer, ce vaisseau étoit dans le
plus grand péril. Un autre habitant prit la parole, et nous dit qu'il avoit traversé plusieurs
fois le canal qui sépare l'île d'Ambre de la côte;

qu'il l'avoit sondé; que la tenure et le mouillage
en étoient très-bons, et que le vaisseau y étoit
en parfaite sureté comme dans le meilleur port.
« J'y mettrois toute ma fortune, ajouta-t-il, et
« j'y dormirois aussi tranquillement qu'à terre. »
Un troisième habitant dit qu'il étoit impossible
que ce vaisseau pût entrer dans ce canal, où à
peine les chaloupes pouvoient naviguer. Il assura
qu'il l'avoit vu mouiller au-delà de l'ile d'Ambre,
en sorte que si le vent venoit à s'élever au
matin, il seroit le maitre de pousser au large ou
de gagner le port. D'autres habitans ouvrirent
d'autres opinions. Pendant qu'ils contestoient
entre eux, suivant la coutume des créoles oisifs,
Paul et moi nous gardions un profond silence.
Nous restâmes là jusqu'au petit point du jour ;
mais il faisoit trop peu de clarté au ciel pour
qu'on pût distinguer aucun objet sur la mer,
qui, d'ailleurs, étoit couverte de brume: nous
n'entrevimes au large qu'un nuage sombre,
qu'on nous dit être l'ile d'Ambre, située à un
quart de lieue de la côte. On n'apercevoit dans
ce jour ténébreux, que la pointe du rivage où
nous étions, et quelques pitons des montagnes
de l'intérieur de l'ile, qui apparoissoient de
temps en temps au milieu des nuages qui circu-
loient autour.

Vers les sept heures du matin, nous entendimes dans les bois un bruit de tambours : c'étoit le gouverneur, M. de la Bourdonnais, qui arrivoit à cheval, suivi d'un détachement de soldats armés de fusils, et d'un grand nombre d'habitans et de noirs. Il plaça ses soldats sur le rivage, et leur ordonna de faire feu de leurs armes tous à-la-fois. A peine leur décharge fut faite, que nous aperçûmes sur la mer une lueur, suivie presque aussitôt d'un coup de canon. Nous jugeâmes que le vaisseau étoit à peu de distance de nous, et nous courûmes tous du côté où nous avions vu son signal. Nous aperçûmes alors à travers le brouillard, le corps et les vergues d'un grand vaisseau. Nous en étions si près, que malgré le bruit des flots, nous entendimes le sifflet du maître qui commandoit la manœuvre, et les cris des matelots, qui crièrent trois fois VIVE LE ROI ; car c'est le cri des François dans les dangers extrèmes ainsi que dans les grandes joies : comme si, dans les dangers, ils appeloient leur prince à leur secours, ou comme s'ils vouloient témoigner alors qu'ils sont prêts à périr pour lui.

Depuis le moment où le Saint-Géran aperçut que nous étions à portée de le secourir, il ne cessa de tirer du canon de trois minutes en trois

minutes. M. de la Bourdonnais fit allumer de
grands feux de distance en distance sur la grève,
et envoya chez tous les habitans du voisinage.
chercher des vivres, des planches, des cables, et
des tonneaux vides. On en vit arriver bientôt
une foule, accompagnés de leurs noirs chargés
de provisions et d'agrès, qui venoient des habitations de la Poudre-d'or, du quartier de Flac-
que et de la rivière du Rempart. Un des plus
anciens de ces habitans s'approcha du gouverneur, et lui dit « Monsieur, on a entendu toute
« la nuit des bruits sourds dans la montagne;
« dans les bois, les feuilles des arbres remuent
« sans qu'il fasse de vent; les oiseaux de marine
« se réfugient à terre; certainement tous ces
« signes annoncent un ouragan. — Eh bien, mes
« amis, répondit le gouverneur, nous y sommes
« préparés, et surement le vaisseau l'est aussi. »
En effet, tout présageoit l'arrivée prochaine
d'un ouragan. Les nuages que l'on distinguoit
au zénith étoient à leur centre d'un noir affreux,
et cuivrés sur leurs bords. L'air retentissoit des
cris des paillencus, des frégates, des coupeurs
d'eau, et d'une multitude d'oiseaux de marine,
qui, malgré l'obscurité de l'atmosphère, venoient
de tous les points de l'horizon chercher des retraites dans l'île.

Vers les neuf heures du matin, on entendit du côté de la mer des bruits épouvantables, comme si des torrens d'eau, mêlés à des tonnerres, eussent roulé du haut des montagnes. Tout le monde s'écria : « Voilà l'ouragan ! » et dans l'instant, un tourbillon affreux de vent enleva la brume qui couvroit l'île d'Ambre et son canal. Le Saint-Géran parut alors à découvert, avec son pont chargé de monde, ses vergues et ses mâts de hune amenés sur le tillac, son pavillon en berne, quatre cables sur son avant, et un de retenue sur son arrière. Il étoit mouillé entre l'île d'Ambre et la terre, en-deçà de la ceinture de récifs qui entoure l'île de France, et qu'il avoit franchie par un endroit où jamais vaisseau n'avoit passé avant lui. Il présentoit son avant aux flots qui venoient de la pleine mer, et à chaque lame d'eau qui s'engageoit dans le canal, sa proue se soulevoit toute entière, de sorte qu'on en voyoit la carène en l'air; mais dans ce mouvement, sa poupe venant à plonger, disparoissoit à la vue jusqu'au couronnement, comme si elle eût été submergée. Dans cette position, où le vent et la mer le jetoient à terre, il lui étoit également impossible de s'en aller par où il étoit venu, ou, en coupant ses cables, d'échouer sur le rivage dont il étoit séparé par de hauts

fonds semés de récifs. Chaque lame qui venoit
briser sur la côte, s'avançoit en mugissant jusqu'au fond des anses, et y jetoit des galets à plus
de cinquante pieds dans les terres; puis venant
à se retirer, elle découvroit une grande partie du
lit du rivage, dont elle rouloit les cailloux avec
un bruit rauque et affreux. La mer soulevée par
le vent, grossissoit à chaque instant, et tout le
canal compris entre cette ile et l'ile d'Ambre,
n'étoit qu'une vaste nappe d'écumes blanches,
creusée de vagues noires et profondes. Ces écumes s'amassoient dans le fond des anses, à plus
de six pieds de hauteur, et le vent qui en ba-
layoit la surface, les portoit par-dessus l'escarpement du rivage à plus d'une demi-lieue dans les
terres. A leurs flocons blancs et innombrables,
qui étoient chassés horizontalement jusqu'au
pied des montagnes, on eût dit d'une neige qui
sortoit de la mer. L'horizon offroit tous les
signes d'une longue tempête ; la mer y paroissoit
confondue avec le ciel. Il s'en détachoit sans
cesse des nuages d'une forme horrible, qui
traversoient le zénith avec la vitesse des oiseaux, tandis que d'autres y paroissoient im-
mobiles comme de grands rochers. On n'apercevoit aucune partie azurée du firmament;
une lueur olivâtre et blafarde éclairoit seule

tous les objets de la terre, de la mer et des
cieux.

Dans les balancemens du vaisseau, ce qu'on
craignoit arriva. Les cables de son avant rompi-
rent; et comme il n'étoit plus retenu que par
une seule ansière, il fut jeté sur les rochers à
une demi-encablure du rivage. Ce ne fut qu'un
cri de douleur parmi nous. Paul alloit s'élancer
à la mer, lorsque je le saisis par le bras. « Mon
« fils, lui dis-je, voulez-vous périr? — Que
« j'aille à son secours, s'écria-t-il, ou que je
« meure! » Comme le désespoir lui ôtoit la raison, pour prévenir sa perte, Domingue et moi
lui attachâmes à la ceinture une longue corde
dont nous saisîmes l'une des extrémités. Paul
alors s'avança vers le Saint-Géran, tantôt na-
geant, tantôt marchant sur les récifs. Quelquefois, il avoit l'espoir de l'aborder; car la mer,
dans ses mouvemens irréguliers, laissoit le vaisseau presque à sec, de manière qu'on en eût pu
faire le tour à pied : mais bientôt après, revenant
sur ses pas avec une nouvelle furie, elle le couvroit d'énormes voûtes d'eau qui soulevoient
tout l'avant de sa carène, et rejetoient bien loin
sur le rivage le malheureux Paul, les jambes en
sang, la poitrine meurtrie, et à demi noyé. A
peine ce jeune homme avoit-il repris l'usage de

ses sens, qu'il se relevoit et retournoit avec une
nouvelle ardeur vers le vaisseau, que la mer
cependant entr'ouvroit par d'horribles secous-
ses. Tout l'équipage désespérant alors de son
salut, se précipitoit en foule à la mer, sur des
vergues, des planches, des cages à poules, des
tables et des tonneaux. On vit alors un objet
digne d'une éternelle pitié: une jeune demoiselle parut dans la galerie de la poupe du Saint-
Géran, tendant les bras vers celui qui faisoit
tant d'efforts pour la joindre. C'étoit Virginie.
Elle avoit reconnu son amant à son intrépidité.
La vue de cette aimable personne exposée à un
si terrible danger, nous remplit de douleur et de
désespoir. Pour Virginie, d'un port noble et
assuré, elle nous faisoit signe de la main,
comme nous disant un éternel adieu. Tous
les matelots s'étoient jetés à la mer. Il n'en
restoit plus qu'un sur le pont, qui étoit tout
nu et nerveux comme Hercule. Il s'approcha
de Virginie avec respect : nous le vîmes se
jeter à ses genoux, et s'efforcer même de lui
ôter ses habits; mais elle, le repoussant avec
dignité, détourna de lui sa vue. On entendit aussitôt ces cris redoublés des spectateurs:
« Sauvez-la, sauvez-la; ne la quittez pas. » Mais
dans ce moment, une montagne d'eau d'une

effroyable grandeur s'engouffra entre l'ile d'Ambre et la côte, et s'avança en rugissant vers le
vaisseau, qu'elle menaçoit de ses flancs noirs et
de ses sommets écumans. A cette terrible vue,
le matelot s'élança seul à la mer; et Virginie,
voyant la mort inévitable, posa une main sur
ses habits, l'autre sur son cœur, et levant en
haut des yeux sereins, parut un ange qui prend
son vol vers les cieux.

O jour affreux! hélas! tout fut englouti.
La lame jeta bien avant dans les terres une
partie des spectateurs, qu'un mouvement d'humanité avoit portés à s'avancer vers Virginie, ainsi que le matelot qui l'avoit voulu sauver
à la nage. Cet homme échappé à une mort presque certaine, s'agenouilla sur le sable, en disant:
« O mon Dieu! vous m'avez sauvé ma vie ; mais
« je l'aurois donnée de bon cœur pour cette
« digne demoiselle qui n'a jamais voulu se désha-
« biller comme moi. » Domingue et moi, nous
retirâmes des flots le malheureux Paul sans
connoissance, rendant le sang par la bouche et
par les oreilles. Le gouverneur le fit mettre
entre les mains des chirurgiens; et nous cher-
châmes de notre côté le long du rivage, si la mer
n'y apporteroit point le corps de Virginie: mais
le vent ayant tourné subitement, comme il

arrive dans les ouragans, nous eûmes le chagrin
de penser que nous ne pourrions pas même rendre à cette fille infortunée les devoirs de la
sépulture. Nous nous éloignâmes de ce lieu,
accablés de consternation, tous l'esprit frappé
d'une seule perte, dans un naufrage où un grand
nombre de personnes avoient péri, la plupart
doutant, par une fin aussi funeste d'une fille si
vertueuse, qu'il existât une Providence; car il y
a des maux si terribles et si peu mérités, que
l'espérance même du sage en est ébranlée.

Cependant on avoit mis Paul, qui commençoit à reprendre ses sens, dans une maison voisine, jusqu'à ce qu'il fût en état d'être transporté à son habitation. Pour moi, je m'en revins
avec Domingue, afin de préparer la mère de Virginie et son amie à ce désastreux événement.
Quand nous fûmes à l'entrée du vallon de la
rivière des Lataniers, des noirs nous dirent que
la mer jetoit beaucoup de débris du vaisseau
dans la baie vis-à-vis. Nous y descendîmes, et
un des premiers objets que j'aperçus sur le rivage,
fut le corps de Virginie. Elle étoit à moitié couverte de sable, dans l'attitude où nous l'avions
vue périr. Ses traits n'étoient point sensiblement
altérés. Ses yeux étoient fermés; mais la sérénité étoit encore sur son front: seulement les

pâles violettes de la mort se confondoient sur ses joues avec les roses de la pudeur. Une de ses mains étoit sur ses habits, et l'autre, qu'elle appuyoit sur son cœur, étoit fortement fermée et roidie. J'en dégageai avec peine une petite boîte : mais quelle fut ma surprise, lorsque je vis que c'étoit le portrait de Paul, qu'elle lui avoit promis de ne jamais abandonner tant qu'elle vivroit! A cette dernière marque de la constance et de l'amour de cette fille infortunée, je pleurai amèrement. Pour Domingue, il se frappoit la poitrine et perçoit l'air de ses cris douloureux. Nous portâmes le corps de Virginie dans une cabane de pêcheurs, où nous le donnâmes à garder à de pauvres femmes malabares, qui prirent soin de le laver.

Pendant qu'elles s'occupaient de ce triste office, nous montâmes en tremblant à l'habitation. Nous y trouvâmes madame de la Tour et Marguerite en prières, en attendant des nouvelles du vaisseau. Dès que madame de la Tour m'aperçut, elle s'écria: « Où est ma fille, ma « chère fille, mon enfant? » Ne pouvant douter de son malheur à mon silence et à mes larmes, elle fut saisie tout-à-coup d'étouffemens et d'angoisses douloureuses; sa voix ne faisoit plus entendre que des soupirs et des sanglots. Pour

Marguerite, elle s'écria : « Où est mon fils? je « ne vois point mon fils; » et elle s'évanouit. Nous courûmes à elle; et l'ayant fait revenir, je l'assurai que Paul étoit vivant, et que le gouverneur en faisoit prendre soin. Elle ne reprit ses sens que pour s'occuper de son amie, qui tomboit de temps en temps dans de longs évanouissemens. Madame de la Tour passa toute la nuit dans ces cruelles souffrances; et par leurs longues périodes, j'ai jugé qu'aucune douleur n'étoit égale à la douleur maternelle. Quand elle recouvroit la connoissance, elle tournoit des regards fixes et mornes vers le ciel. En vain son amie et moi nous lui pressions les mains dans les nôtres, en vain nous l'appelions par les noms les plus tendres; elle paroissoit insensible à ces témoignages de notre ancienne affection, et il ne sortoit de sa poitrine oppressée que de sourds gémissemens.

Dès le matin on apporta Paul couché dans un palanquin. Il avoit repris l'usage de ses sens; mais il ne pouvoit proférer une parole. Son entrevue avec sa mère et madame de la Tour, que j'avois d'abord redoutée, produisit un meilleur effet que tous les soins que j'avois pris jusqu'alors. Un rayon de consolation parut sur le visage de ces deux malheureuses mères. Elles se mirent l'une et l'autre auprès de lui, le saisirent dans leurs bras, le baisèrent, et leurs larmes, qui avoient été suspendues jusqu'alors par l'excès de leur chagrin, commencèrent à couler. Paul y mêla bientôt les siennes. La nature s'étant ainsi soulagée dans ces trois infortunés, un long assoupissement succéda à l'état convulsif de leur douleur, et leur procura un repos léthargique semblable, à la vérité, à celui de la mort.

M. de la Bourdonnais m'envoya avertir secrètement, que le corps de Virginie avoit été apporté à la ville par son ordre, et que de là, on alloit le transférer à l'église des Pamplemousses. Je descendis aussitôt au Port-Louis, où je trouvai des habitans de tous les quartiers rassemblés pour assister à ses funérailles, comme si l'île eût perdu en elle ce qu'elle avoit de plus cher. Dans le port, les vaisseaux avoient leurs vergues croisées, leurs pavillons en berne, et tiroient du canon par longs intervalles. Des grenadiers ouvroient la marche du convoi ; ils portoient leurs fusils baissés. Leurs tambours, couverts de longs crêpes, ne faisoient entendre que des sons lugubres, et on voyoit l'abattement peint dans les traits de ces guerriers, qui avoient tant de fois affronté la mort dans les combats, sans changer de visage. Huit jeunes demoiselles des plus con-

11

sidérables de l'île, vêtues de blanc, et tenant des palmes à la main, portoient le corps de leur vertueuse compagne, couvert de fleurs. Un chœur de petits enfans le suivoit en chantant des hymnes : après eux venoit tout ce que l'île avoit de plus distingué dans ses habitans et dans son état-major, à la suite duquel marchoit le gouverneur, suivi de la foule du peuple.

Voilà ce que l'administration avoit ordonné, pour rendre quelques honneurs à la vertu de Virginie. Mais quand son corps fut arrivé au pied de cette montagne, à la vue de ces mêmes cabanes dont elle avoit fait si long-temps le bonheur, et que sa mort remplissoit maintenant de désespoir, toute la pompe funèbre fut dérangée : les hymnes et les chants cessèrent ; on n'entendit plus dans la plaine que des soupirs et des sanglots. On vit accourir alors des troupes de jeunes filles des habitations voisines, pour faire toucher au cercueil de Virginie, des mouchoirs, des chapelets et des couronnes de fleurs, en l'invoquant comme une sainte. Les mères demandoient à Dieu une fille comme elle ; les garçons, des amantes aussi constantes ; une amie aussi tendre ; les esclaves, une maîtresse aussi bonne.

Lorsqu'elle fut arrivée au lieu de sa sépulture, des négresses de Madagascar et des Cafres de

Mosambique, déposèrent autour d'elle des paniers de fruits, et suspendirent des pièces d'étoffes aux arbres voisins, suivant l'usage de leur pays ; des Indiennes du Bengale et de la côte Malabare, apportèrent des cages pleines d'oiseaux, auxquels elles donnèrent la liberté sur son corps : tant la perte d'un objet aimable intéresse toutes les nations, et tant est grand le pouvoir de la vertu malheureuse, puisqu'elle réunit toutes les religions autour de son tombeau !

Il fallut mettre des gardes auprès de sa fosse, et en écarter quelques filles de pauvres habitans, qui vouloient s'y jeter à toute force, disant qu'elles n'avoient plus de consolation à espérer dans le monde, et qu'il ne leur restoit qu'à mourir avec celle qui étoit leur unique bienfaitrice.

On l'enterra près de l'église des Pamplemousses, sur son côté occidental, au pied d'une touffe de bambous, où, en venant à la messe avec sa mère et Marguerite, elle aimoit à se reposer, assise à côté de celui qu'elle appeloit alors son frère.

Au retour de cette pompe funèbre, M. de la Bourdonnais monta ici, suivi d'une partie de son nombreux cortège. Il offrit à madame de la Tour et à son amie tous les secours qui dépendoient de lui. Il s'exprima en peu de mots, mais avec indignation contre sa tante dénaturée; et s'approchant de Paul, il lui dit tout ce qu'il crut propre à le consoler. « Je désirois, lui dit-« il, votre bonheur et celui de votre famille : « Dieu m'en est témoin. Mon ami, il faut aller « en France; je vous y ferai avoir du service. « Dans votre absence, j'aurai soin de votre mère « comme de la mienne; » et en même temps, il lui présenta la main; mais Paul retira la sienne, et détourna la tête pour ne le pas voir.

Pour moi, je restai dans l'habitation de mes amies infortunées, pour leur donner ainsi qu'à Paul, tous les secours dont j'étois capable. Au bout de trois semaines, Paul fut en état de marcher; mais son chagrin paroissoit augmenter à mesure que son corps reprenoit des forces. Il étoit insensible à tout, ses regards étoient éteints, et il ne répondoit rien à toutes les questions qu'on pouvoit lui faire. Madame de la Tour, qui étoit mourante, lui disoit souvent: « Mon fils, « tant que je vous verrai, je croirai voir ma « chère Virginie. » A ce nom de Virginie, il tressailloit et s'éloignoit d'elle, malgré les invi-tations de sa mère, qui le rappeloit auprès de son amie. Il alloit seul se retirer dans le jardin, et s'asseyoit au pied du cocotier de Virginie, les yeux fixés sur sa fontaine. Le chirurgien du gouverneur, qui avoit pris le plus grand soin de lui et de ces dames, nous dit que pour le tirer de sa noire mélancolie, il falloit lui laisser faire tout ce qu'il lui plairoit, sans le contrarier en rien ; qu'il n'y avoit que ce seul moyen de vaincre le silence auquel il s'obstinoit.

Je résolus de suivre son conseil. Dès que Paul sentit ses forces un peu rétablies, le premier usage qu'il en fit, fut de s'éloigner de l'habitation. Comme je ne le perdois pas de vue, je me mis en marche après lui, et je dis à Domingue de prendre des vivres, et de nous accompagner. A mesure que ce jeune homme descendoit cette montagne, sa joie et ses forces sembloient renaître. Il prit d'abord le chemin des Pamplemousses ; et quand il fut auprès de l'église, dans l'allée des bambous, il s'en fut droit au lieu où il vit de la terre fraîchement remuée : là il s'agenouilla, et levant les yeux au ciel, il fit une longue prière. Sa démarche me parut de bonne augure pour le retour de sa raison, puisque cette marque de confiance envers l'Être suprème, faisoit voir que son âme commençoit à reprendre ses fonctions naturelles. Domingue et moi, nous nous mîmes à genoux à son exemple, et nous priâmes avec lui. Ensuite il se leva, et prit sa route vers le nord de l'île, sans faire beaucoup attention à nous. Comme je savois qu'il ignoroit non-seulement où on avoit déposé le corps de Virginie, mais même s'il avoit été retiré de la mer, je lui demandai pourquoi il avoit été prier Dieu au pied de ces bambous; il me répondit: « Nous y avons été si souvent! »

Il continua sa route jusqu'à l'entrée de la forêt, où la nuit nous surprit. Là, je l'engageai par mon exemple à prendre quelque nourriture; ensuite, nous dormîmes sur l'herbe, au pied d'un arbre. Le lendemain, je crus qu'il se détermineroit à revenir sur ses pas. En effet, il regarda quelque temps dans la plaine l'église des Pamplemousses avec ses longues avenues de bambous, et il fit quelques mouvemens comme pour y retourner; mais il s'enfonça brusquement dans la forêt, en dirigeant toujours sa route vers le nord. Je pénétrai son intention, et je m'efforçai en vain de l'en distraire. Nous arrivâmes sur le milieu du jour au quartier de la Poudre-d'or. Il descendit précipitamment au bord de mer, vis-à-vis du lieu où avoit péri le Saint-Géran. A la vue de l'île d'Ambre et de son canal alors uni comme un miroir, il s'écria: « Virginie! ô ma « chère Virginie! » et aussitôt il tomba en défaillance. Domingue et moi nous le portâmes dans l'intérieur de la forêt, où nous le fîmes revenir avec bien de la peine. Dès qu'il eut repris ses sens, il voulut retourner sur les bords de la mer, mais l'ayant supplié de ne pas renouveler sa douleur et la nôtre par de si cruels ressouvenirs, il prit une autre direction. Enfin, pendant huit jours, il se rendit dans tous les lieux où il s'étoit trouvé avec la compagne de son enfance. Il parcourut le sentier par où elle avoit été demander la grace de l'esclave de la Rivière-noire; il revit ensuite les bords de la rivière des Trois-mamelles, où elle s'assit ne pouvant plus marcher, et la partie du bois où elle s'étoit égarée. Tous les lieux qui lui rappeloient les inquiétudes, les jeux, les repas, la bienfaisance de sa bien-aimée; la rivière de la Montagne-longue, ma petite maison, la cascade voisine, le papayer qu'elle avoit planté, les pelouses où elle aimoit à courir, les carrefours de la forêt où elle se plaisoit à chanter, firent tour-à-tour couler ses larmes; et les mêmes échos qui avoient retenti tant de fois de leurs cris de joie communs, ne répétoient plus maintenant que ces mots douloureux : « Virginie! ô ma chère Vir-« ginie! »

Dans cette vie sauvage et vagabonde, ses yeux se cavèrent, son teint jaunit et sa santé s'altéra

de plus en plus. Persuadé que le sentiment de
nos maux redouble par le souvenir de nos plaisirs, et que les passions s'accroissent dans la
solitude, je résolus d'éloigner mon infortuné ami
des lieux qui lui rappeloient le souvenir de sa
perte, et de le transférer dans quelque endroit de
l'île où il y eût beaucoup de dissipation. Pour
cet effet, je le conduisis sur les hauteurs habitées
du quartier de Williams, où il n'avoit jamais
été. L'agriculture et le commerce répandoient
dans cette partie de l'île beaucoup de mouvement et de variété. Il y avoit des troupes de
charpentiers qui écarrissoient des bois, et d'autres qui les scioient en planches; des voitures
alloient et venoient le long de ses chemins; de
grands troupeaux de bœufs et de chevaux y
paissoient dans de vastes pâturages, et la campagne y étoit parsemée d'habitations. L'élévation
du sol y permettoit en plusieurs lieux la culture
de diverses espèces de végétaux de l'Europe.
On y voyait çà et là des moissons de blé dans la
plaine, des tapis de fraisiers dans les éclaircis des
bois, et des haies de rosiers le long des routes.
La fraîcheur de l'air, en donnant de la tension
aux nerfs, y étoit même favorable à la santé des
blancs. De ces hauteurs situées vers le milieu de
l'île, et entourées de grands bois, on n'aperce-

voit ni la mer, ni le Port-Louis, ni l'église des
Pamplemousses, ni rien qui pût rappeler à
Paul le souvenir de Virginie. Les montagnes
mêmes, qui présentent différentes branches du
côté de Port-Louis, n'offrent plus du côté des
plaines de Williams, qu'un long promontoire en
ligne droite et perpendiculaire, d'où s'élèvent
plusieurs longues pyramides de rochers où se
rassemblent les nuages.

Ce fut donc dans ces plaines où je conduisis
Paul. Je le tenois sans cesse en action, marchant
avec lui au soleil et à la pluie, de jour et de
nuit, l'égarant exprès dans les bois, les dé-
frichés, les champs, afin de distraire son esprit
par la fatigue de son corps, et de donner le
change à ses réflexions, par l'ignorance du lieu
où nous étions, et du chemin que nous avions
perdu. Mais l'ame d'un amant retrouve par-
tout les traces de l'objet aimé. La nuit et le jour,
le calme des solitudes et le bruit des habitations,
le temps même qui emporte tant de souvenirs,
rien ne peut l'en écarter. Comme l'aiguille touchée de l'aimant, elle a beau être agitée; dès
qu'elle rentre dans son repos, elle se tourne
vers le pôle qui l'attire. Quand je demandois à
Paul, égaré au milieu des plaines de Williams:
« Où irons-maintenant ? » il se tournoit vers le

nord, et me disoit: « Voilà nos montagnes,
« retournons-y. »

Je vis bien que tous les moyens que je tentois
pour le distraire étoient inutiles, et qu'il ne me
restoit d'autre ressource que d'attaquer sa passion en elle-même, en y employant toutes les
forces de ma foible raison. Je lui répondis donc:
« Oui, voilà les montagnes où demeuroit votre
« chère Virginie, et voilà le portrait que vous
« lui aviez donné, et qu'en mourant elle portoit
« sur son cœur, dont les derniers mouvemens
« ont encore été pour vous. » Je présentai alors
à Paul le petit portrait qu'il avoit donné à Virginie au bord de la fontaine des cocotiers. A
cette vue, une joie funeste parut dans ses regards. Il saisit avidement ce portrait de ses foibles mains, et le porta sur sa bouche. Alors sa
poitrine s'oppressa, et dans ses yeux à demi san-
glans, des larmes s'arrêtèrent sans pouvoir couler.

Je lui dis: « Mon fils, écoutez-moi, qui suis
« votre ami, qui ai été celui de Virginie, et qui,
« au milieu de vos espérances, ai souvent tâché
« de fortifier votre raison contre les accidens
« imprévus de la vie. Que déplorez-vous avec
« tant d'amertume? est-ce votre malheur? est-
« ce celui de Virginie?

« Votre malheur? Oui, sans doute il est grand.

« Vous avez perdu la plus aimable des filles, qui
« auroit été la plus digne des femmes. Elle avoit
« sacrifié ses intérêts aux vôtres, et vous avoit
« préféré à la fortune, comme la seule récom-
« pense digne de sa vertu. Mais que savez-vous
« si l'objet de qui vous deviez attendre un bon-
« heur si pur, n'eût pas été pour vous la
« source d'une infinité de peines? Elle étoit sans
« bien, et déshéritée; vous n'aviez désormais à
« partager avec elle que votre seul travail. Reve-
« nue plus délicate par son éducation, et plus
« courageuse par son malheur même, vous l'au-
« riez vue chaque jour succomber, en s'effor-
« çant de partager vos fatigues. Quand elle vous
« auroit donné des enfans, ses peines et les
« vôtres auroient augmenté, par la difficulté de
« soutenir seule avec vous de vieux parens et
« une famille naissante.

« Vous me direz: Le gouverneur nous auroit
« aidés. Que savez-vous, si dans une colonie qui
« change si souvent d'administrateurs, vous au-
« rez souvent des la Bourdonnais? s'il ne vien-
« dra pas ici des chefs sans mœurs et sans
« morale? si, pour obtenir quelque misérable
« secours, votre épouse n'eût pas été obligée de
« leur faire sa cour? Ou elle eût été foible, et
« vous eussiez été à plaindre; ou elle eût été

« sage, et vous fussiez resté pauvre : heureux si,
« à cause de sa beauté et de sa vertu, vous n'eus-
« siez pas été persécuté par ceux mêmes de qui
« vous espériez de la protection !

  « Il me fût resté, me direz-vous, le bonheur,
« indépendant de la fortune, de protéger l'objet
« aimé qui s'attache à nous à proportion de sa
« foiblesse même ; de le consoler par mes pro-
« pres inquiétudes ; de le réjouir de ma tristesse,
« et d'accroître notre amour de nos peines mu-
« tuelles. Sans doute la vertu et l'amour jouis-
« sent de ces plaisirs amers. Mais elle n'est plus,
« et il vous reste ce qu'après vous elle a le plus
« aimé, sa mère et la vôtre, que votre douleur
« inconsolable conduira au tombeau. Mettez
« votre bonheur à les aider, comme elle l'y avoit
« mis elle-même. Mon fils, la bienfaisance est le
« bonheur de la vertu ; il n'y en a point de plus
« assuré et de plus grand sur la terre. Les pro-
« jets de plaisirs, de repos, de délices, d'abon-
« dance, de gloire, ne sont point faits pour
« l'homme foible, voyageur et passager. Voyez
« comme un pas vers la fortune nous a précipi-
« tés tous d'abîme en abîme. Vous vous y êtes
« opposé, il est vrai ; mais qui n'eût pas cru que
« le voyage de Virginie devoit se terminer par
« son bonheur et par le vôtre ? Les invitations

« d'une parente riche et âgée, les conseils d'un
« sage gouverneur, les applaudissemens d'une
« colonie, les exhortations et l'autorité d'un prê-
« tre, ont décidé du malheur de Virginie. Ainsi
« nous courons à notre perte, trompés par la
« prudence même de ceux qui nous gouvernent.
« Il eût mieux valu sans doute ne pas les croire,
« ni se fier à la voix et aux espérances d'un
« monde trompeur. Mais enfin, de tant d'hom-
« mes que nous voyons si occupés dans ces
« plaines, de tant d'autres qui vont chercher la
« fortune aux Indes, ou qui, sans sortir de chez
« eux, jouissent en repos en Europe des travaux
« de ceux-ci, il n'y en a aucun qui ne soit des-
« tiné à perdre un jour ce qu'il chérit le plus,
« grandeurs, fortune, femme, enfans, amis. La
« plupart auront à joindre à leur perte le souve-
« nir de leur propre imprudence. Pour vous, en
« rentrant en vous-même, vous n'avez rien à
« vous reprocher. Vous avez été fidèle à votre
« foi. Vous avez eu, à la fleur de la jeunesse, la
« prudence d'un sage, en ne vous écartant pas
« du sentiment de la nature. Vos vues seules
« étoient légitimes, parce qu'elles étoient pures,
« simples, désintéressées, et que vous aviez sur
« Virginie des droits sacrés, qu'aucune fortune
« ne pouvoit balancer. Vous l'avez perdue, et ce

« n'est ni votre imprudence, ni votre avarice,
« ni votre fausse sagesse qui vous l'ont fait per-
« dre, mais Dieu même qui a employé les
« passions d'autrui pour vous ôter l'objet de
« votre amour; Dieu, de qui vous tenez tout,
« qui voit tout ce qui vous convient, et dont la
« sagesse ne vous laisse aucun lieu au repentir
« et au désespoir qui marchent à la suite des
« maux dont nous avons été la cause.

« Voilà ce que vous pouvez vous dire dans
« votre infortune : Je ne l'ai pas méritée. Est-ce
« donc le malheur de Virginie, sa fin, son état
« présent, que vous déplorez? Elle a subi le sort
« réservé à la naissance, à la beauté et aux em-
« pires mêmes. La vie de l'homme, avec tous
« ses projets, s'élève comme une petite tour dont
« la mort est le couronnement. En naissant, elle
« étoit condamnée à mourir. Heureuse d'avoir
« dénoué les liens de la vie avant sa mère, avant
« la vôtre, avant vous; c'est-à-dire, de n'être
« pas morte plusieurs fois avant la dernière !

« La mort, mon fils, est un bien pour tous les
« hommes; elle est la nuit de ce jour inquiet
« qu'on appelle la vie. C'est dans le sommeil de
« la mort que reposent pour jamais les maladies,
« les douleurs, les chagrins, les craintes qui
« agitent sans cesse les malheureux vivans. Exa-

« minez les hommes qui paroissent les plus
« heureux : vous verrez qu'ils ont acheté leur
« prétendu bonheur bien chèrement ; la considé-
« ration publique, par des maux domestiques ;
« la fortune, par la perte de la santé ; le plaisir
« si rare d'être aimé, par des sacrifices continuels :
« et souvent, à la fin d'une vie sacrifiée aux in-
« térêts d'autrui, ils ne voient autour d'eux que
« des amis faux et des parens ingrats. Mais Vir-
« ginie a été heureuse jusqu'au dernier moment.
« Elle l'a été avec nous par les biens de la na-
« ture ; loin de nous, par ceux de la vertu : et,
« même dans le moment terrible où nous l'avons
« vue périr, elle étoit encore heureuse ; car, soit
« qu'elle jetât les yeux sur une colonie entière à
« qui elle causoit une désolation universelle, ou
« sur vous qui couriez avec tant d'intrépidité à
« son secours, elle a vu combien elle nous étoit
« chère à tous. Elle s'est fortifiée contre l'ave-
« nir, par le souvenir de l'innocence de sa vie,
« et elle a reçu alors le prix que le ciel réserve
« à la vertu, un courage supérieur au danger.
« Elle a présenté à la mort un visage serein.

« Mon fils, Dieu donne à la vertu tous les
« événemens de la vie à supporter, pour faire
« voir qu'elle seule peut en faire usage, et y
« trouver du bonheur et de la gloire. Quand il lui

« réserve une réputation illustre, il l'élève sur
« un grand théâtre et la met aux prises avec la
« mort ; alors son courage sert d'exemple, et le
« souvenir de ses malheurs reçoit à jamais un
« tribut de larmes de la postérité. Voilà le monu-
« ment immortel qui lui est réservé sur une
« terre où tout passe, et où la mémoire même
« de la plupart des rois est bientôt ensevelie dans
« un éternel oubli.

    « Mais Virginie existe encore. Mon fils, voyez
« que tout change sur la terre, et que rien ne s'y
« perd. Aucun art humain ne pourroit anéantir
« la plus petite particule de matière ; et ce qui
« fut raisonnable, sensible, aimant, vertueux,
« religieux, auroit péri, lorsque les élémens
« dont il étoit revêtu sont indestructibles ! Ah ! si
« Virginie a été heureuse avec nous, elle l'est
« maintenant bien davantage. Il y a un Dieu,
« mon fils : toute la nature l'annonce ; je n'ai
« pas besoin de vous le prouver. Il n'y a que la
« méchanceté des hommes qui leur fasse nier
« une justice qu'ils craignent. Son sentiment est
« dans votre cœur, ainsi que ses ouvrages sont
« sous vos yeux. Croyez-vous donc qu'il laisse
« Virginie sans récompense ? Croyez-vous que
« cette même puissance qui avoit revêtu cette
« ame si noble d'une forme si belle, où vous

« sentiez un art divin, n'auroit pu la tirer des
« flots? que celui qui a arrangé le bonheur actuel
« des hommes par des lois que vous ne connois-
« sez pas, ne puisse en préparer un autre à Vir-
« ginie par des lois qui vous sont également
« inconnues? Quand nous étions dans le néant,
« si nous eussions été capables de penser, au-
« rions-nous pu nous former une idée de notre
« existence? Et maintenant que nous sommes
« dans cette existence ténébreuse et fugitive,
« pouvons-nous prévoir ce qu'il y a au-delà de
« la mort par où nous en devons sortir? Dieu
« a-t-il besoin, comme l'homme, du petit globe
« de notre terre, pour servir de théâtre à son in-
« telligence et à sa bonté, et n'a-t-il pu propager
« la vie humaine que dans les champs de la
« mort? Il n'y a pas dans l'océan une seule
« goutte d'eau qui ne soit pleine d'êtres vivans
« qui ressortissent à nous, et il n'existeroit rien
« pour nous parmi tant d'astres qui roulent sur
« nos têtes! Quoi! il n'y auroit d'intelligence
« suprême et de bonté divine, précisément que
« là où nous sommes; et dans ces globes rayon-
« nans et innombrables, dans ces champs infinis
« de lumière qui les environnent, que ni les
« orages ni les nuits n'obscurcissent jamais, il
« n'y auroit qu'un espace vain et un néant éter-

12

« nel ! Si nous, qui ne nous sommes rien donné,
« osions assigner des bornes à la puissance de
« laquelle nous avons tout reçu, nous pourrions
« croire que nous sommes ici sur les limites de
« son empire, où la vie se débat avec la mort, et
« l'innocence avec la tyrannie.

« Sans doute il est quelque part un lieu où la
« vertu reçoit sa récompense. Virginie mainte-
« nant est heureuse. Ah ! si du séjour des anges
« elle pouvoit se communiquer à vous, elle vous
« diroit comme dans ses adieux : O Paul ! la vie
« n'est qu'une épreuve. J'ai été trouvée fidèle aux
« lois de la nature, de l'amour et de la vertu.
« J'ai traversé les mers pour obéir à mes parens ;
« j'ai renoncé aux richesses pour conserver ma
« foi ; et j'ai mieux aimé perdre la vie que de
« violer la pudeur. Le ciel a trouvé ma carrière
« suffisamment remplie. J'ai échappé pour tou-
« jours à la pauvreté, à la calomnie, aux tem-
« pêtes, au spectacle des douleurs d'autrui. Au-
« cun des maux qui effraient les hommes ne
« peut plus désormais m'atteindre ; et vous me
« plaignez ! Je suis pure et inaltérable comme
« une particule de lumière ; et vous me rappelez
« dans la nuit de la vie ! O Paul ! ô mon ami !
« souviens-toi de ces jours de bonheur, où dès le
« matin, nous goûtions la volupté des cieux, se

« levant avec le soleil sur les pitons de ces ro-
« chers, et se répandant avec ses rayons au sein
« de nos forêts. Nous éprouvions un ravissement
« dont nous ne pouvions comprendre la cause.
« Dans nos souhaits innocents, nous désirions
« être tout vue, pour jouir des riches couleurs de
« l'aurore; tout odorat, pour sentir les parfums
« de nos plantes; tout ouïe, pour entendre les
« concerts de nos oiseaux, tout cœur, pour re-
« connoître ces bienfaits. Maintenant à la source
« de la beauté d'où découle tout ce qui est
« agréable sur la terre, mon âme voit, goûte,
« entend, touche immédiatement ce qu'elle ne
« pouvoit sentir alors que par de foibles organes.
« Ah! quelle langue pourroit décrire ces rivages
« d'un orient éternel que j'habite pour toujours?
« Tout ce qu'une puissance infinie et une bonté
« céleste ont pu créer pour consoler un être
« malheureux; tout ce que l'amitié d'une infinité
« d'êtres, réjouis de la même félicité, peut mettre
« d'harmonie dans des transports communs, nous
« l'éprouvons sans mélange. Soutiens donc
« l'épreuve qui t'est donnée, afin d'accroître le
« bonheur de ta Virginie par des amours qui
« n'auront plus de terme, par un hymen dont les
« flambeaux ne pourront plus s'éteindre. Là
« j'apaiserai tes regrets; là j'essuierai tes larmes.

« O mon ami! mon jeune époux! élève ton âme
« vers l'infini, pour supporter des peines d'un
« moment. »

Ma propre émotion mit fin à mon discours.
Pour Paul, me regardant fixement, il s'écria :
« Elle n'est plus! elle n'est plus! » et une longue
foiblesse succéda à ces douloureuses paroles. Ensuite, revenant à lui, il dit : « Puisque la mort
« est un bien, et que Virginie est heureuse, je
« veux aussi mourir, pour me rejoindre à Vir-
« ginie. » Ainsi mes motifs de consolation ne ser-
virent qu'à nourrir son désespoir. J'étois comme
un homme qui veut sauver son ami coulant à
fond au milieu d'un fleuve sans vouloir nager.
La douleur l'avoit submergé. Hélas! les malheurs
du premier âge préparent l'homme à entrer dans
la vie, et Paul n'en avoit jamais éprouvé.

Je le ramenai à son habitation. J'y trouvai sa
mère et madame de la Tour dans un état de langueur qui avoit encore augmenté. Marguerite
étoit la plus abattue. Les caractères vifs sur lesquels glissent les peines légères, sont ceux qui
résistent le moins aux grands chagrins.

Elle me dit : « O mon bon voisin! il m'a semblé
« cette nuit voir Virginie vêtue de blanc, au mi-
« lieu de bocages et de jardins délicieux. Elle
« m'a dit : Je jouis d'un bonheur digne d'envie.

« Ensuite, elle s'est approchée de Paul d'un air
« riant, et l'a enlevé avec elle. Comme je m'ef-
« forçois de retenir mon fils, j'ai senti que je
« quittois moi-même la terre, et que je le suivois
« avec un plaisir inexprimable. Alors j'ai voulu
« dire adieu à mon amie; mais je l'ai vue qui
« nous suivoit avec Marie et Domingue. Mais ce
« que je trouve encore de plus étrange, c'est que
« madame de la Tour a fait, cette même nuit, un
« songe accompagné des mêmes circonstances. »

Je lui répondis : « Mon amie, je crois que rien
« n'arrive dans le monde sans la permission de
« Dieu. Les songes annoncent quelquefois la
« vérité. »

Madame de la Tour me fit le récit d'un songe
tout-à-fait semblable, qu'elle avoit eu cette même
nuit. Je n'avois jamais remarqué dans ces deux
dames aucun penchant à la superstition; je fus
donc frappé de la concordance de leur songe; et
je ne doutai pas en moi-même qu'il ne vînt à se
réaliser. Cette opinion, que la vérité se présente
quelquefois à nous pendant le sommeil, est ré-
pandue chez tous les peuples de la terre. Les
plus grands hommes de l'antiquité y ont ajouté
foi, entre autres, Alexandre, César, les Scipions,
les deux Catons et Brutus, qui n'étoient pas des
esprits foibles. L'ancien et le nouveau testament

nous fournissent quantité d'exemples de songes
qui se sont réalisés. Pour moi, je n'ai besoin à
cet égard que de ma propre expérience, et j'ai
éprouvé plus d'une fois que les songes sont des
avertissemens que nous donne quelque intelligence qui s'intéresse à nous. Que si l'on veut
combattre ou défendre avec des raisonnemens,
des choses qui surpassent la lumière de la raison
humaine, c'est ce qui n'est pas possible. Cependant si la raison de l'homme n'est qu'une image
de celle de Dieu, puisque l'homme a bien le pouvoir de faire parvenir ses intentions jusqu'au
bout du monde par des moyens secrets et cachés,
pourquoi l'intelligence qui gouverne l'univers
n'en emploieroit-elle pas de semblables pour la
même fin? Un ami console son ami par une
lettre, qui traverse une multitude de royaumes,
circule au milieu des haines des nations, et vient
apporter de la joie et de l'espérance à un seul
homme; pourquoi le souverain protecteur de
l'innocence ne peut-il venir, par quelque voie
secrète, au secours d'une ame vertueuse qui ne
met sa confiance qu'en lui seul? A-t-il besoin
d'employer quelque signe extérieur pour exé-
cuter sa volonté, lui qui agit sans cesse dans
tous ses ouvrages par un travail intérieur?

Pourquoi douter des songes? La vie, remplie

de tant de projets passagers et vains, est-elle
autre chose qu'un songe?

Quoi qu'il en soit, celui de mes amies infortunées se réalisa bientôt. Paul mourut deux mois
après la mort de sa chère Virginie, dont il pro-
nonçoit sans cesse le nom. Marguerite vit venir
sa fin huit jours après celle de son fils, avec une
joie qu'il n'est donné qu'à la vertu d'éprouver.
Elle fit les plus tendres adieux à madame de la
Tour, « dans l'espérance, lui dit-elle, d'une douce
« et éternelle réunion. La mort est le plus grand
« des biens, ajouta-t-elle; on doit la désirer. Si la
« vie est une punition, on doit en souhaiter la fin :
« si c'est une épreuve, on doit la demander
« courte. »

Le gouvernement prit soin de Domingue et de
Marie, qui n'étoient plus en état de servir, et qui
ne survécurent pas longtemps à leurs maîtresses.
Pour le pauvre Fidèle, il étoit mort de langueur
à-peu-près dans le même temps que son maître.

J'amenai chez moi madame de la Tour, qui se
soutenoit au milieu de si grandes pertes avec une
grandeur d'ame incroyable. Elle avoit consolé
Paul et Marguerite jusqu'au dernier instant,
comme si elle n'avoit eu que leur malheur à supporter. Quand elle ne les vit plus, elle m'en parloit chaque jour comme d'amis chéris qui étoient

dans le voisinage. Cependant elle ne leur sur-
vécut que d'un mois. Quant à sa tante, loin de
lui reprocher ses maux, elle prioit Dieu de les
lui pardonner, et d'appaiser les troubles affreux
d'esprit où nous apprîmes qu'elle étoit tombée
immédiatement après qu'elle eut renvoyé Virginie avec tant d'inhumanité.

Cette parente dénaturée ne porta pas loin la
punition de sa dureté. J'appris par l'arrivée suc-
cessive de plusieurs vaisseaux, qu'elle étoit
agitée de vapeurs qui lui rendoient la vie et la
mort également insupportables. Tantôt, elle
se reprochoit la fin prématurée de sa charmante petite nièce, et la perte de sa mère qui
s'en étoit suivie. Tantôt, elle s'applaudissoit
d'avoir repoussé loin d'elle deux malheureuses
qui, disoit-elle, avoient déshonoré sa maison
par la bassesse de leurs inclinations. Quelquefois se mettant en fureur à la vue de ce grand
nombre de misérables dont Paris est rempli :
« Que n'envoie-t-on, s'écrioit-elle, ces fainéans
« périr dans nos colonies? » Elle ajoutoit que
les idées d'humanité, de vertu, de religion, adop-
tées par tous les peuples, n'étoient que des inventions de la politique de leurs princes. Puis, se
jetant tout-à-coup dans une extrémité opposée,
elle s'abandonnoit à des terreurs superstitieuses

qui la remplissoient de frayeurs mortelles. Elle
couroit porter d'abondantes aumônes à de riches
moines qui la dirigeoient, les suppliant d'appaiser la divinité par le sacrifice de sa fortune,
comme si des biens qu'elle avoit refusés aux
malheureux, pouvoient plaire au père des
hommes! Souvent son imagination lui représentoit des campagnes de feu, des montagnes
ardentes, où des spectres hideux erroient en l'appelant à grands cris. Elle se jetoit aux pieds de
ses directeurs, et elle imaginoit contre elle-même
des tortures et des supplices; car le ciel, le juste
ciel, envoie aux ames cruelles des religions effroyables.

Ainsi elle passa plusieurs années, tour-à-tour
athée et superstitieuse, ayant également en hor-
reur la mort et la vie. Mais ce qui acheva la fin
d'une si déplorable existence, fut le sujet même auquel elle avoit sacrifié les sentimens de la nature.
Elle eut le chagrin de voir que sa fortune passe-
roit après elle à des parens qu'elle haïssoit. Elle
chercha donc à en aliéner la meilleure partie;
mais ceux-ci profitant des accès de vapeurs auxquelles elle étoit sujette, la firent enfermer
comme folle, et mettre ses biens en direction.
Ainsi ses richesses même achevèrent sa perte; et
comme elles avoient endurci le cœur de celle

qui les possédoit, elles dénaturèrent de même le cœur de ceux qui les désiroient. Elle mourut donc, et ce qui est le comble du malheur, avec assez d'usage de sa raison, pour connoître qu'elle étoit dépouillée et méprisée par les mêmes personnes dont l'opinion l'avoit dirigée toute sa vie.

On a mis auprès de Virginie, au pied des mêmes roseaux, son ami Paul; et autour d'eux, leurs tendres mères et leurs fidèles serviteurs. On n'a point élevé de marbres sur leurs humbles tertres, ni gravé d'inscriptions à leurs vertus; mais leur mémoire est restée ineffaçable dans le cœur de ceux qu'ils ont obligés. Leurs ombres n'ont pas besoin de l'éclat qu'ils ont fui pendant leur vie; mais si elles s'intéressent encore à ce qui se passe sur la terre, sans doute elles aiment à errer sous les toits de chaume qu'habite la vertu laborieuse, à consoler la pauvreté mécontente de son sort, à nourrir dans les jeunes amans une flamme durable, le goût des biens naturels, l'amour du travail et la crainte des richesses.

La voix du peuple, qui se tait sur les monumens élevés à la gloire des rois, a donné à quelques parties de cette île des noms qui éterniseront la perte de Virginie. On voit près de l'île

d'Ambre, au milieu des écueils, un lieu appelé
LA PASSE DU SAINT-GÉRAN, du nom de ce vaisseau
qui y périt en la ramenant d'Europe. L'extrémité de cette longue pointe de terre que vous
apercevez à trois lieues d'ici, à demi couverte
des flots de la mer, que le Saint-Géran ne put
doubler la veille de l'ouragan, pour entrer dans
le port, s'appelle LE CAP MALHEUREUX; et voici
devant nous, au bout de ce vallon, LA BAYE DU
TOMBEAU, où Virginie fut trouvée ensevelie dans
le sable, comme si la mer eût voulu rapporter
son corps à sa famille, et rendre les derniers devoirs à sa pudeur, sur les mêmes rivages qu'elle
avoit honorés de son innocence.

Jeunes gens si tendrement unis! mères infortunées! chère famille! ces bois qui vous donnoient leurs ombrages, ces fontaines qui couloient pour vous, ces côteaux où vous reposiez
ensemble, déplorent encore votre perte. Nul,
depuis vous, n'a osé cultiver cette terre désolée,
ni relever ces humbles cabanes. Vos chèvres
sont devenues sauvages; vos vergers sont détruits;
vos oiseaux sont enfuis, et on n'entend plus que
les cris des éperviers qui volent en rond au haut
de ce bassin de rochers. Pour moi, depuis que
je ne vous vois plus, je suis comme un ami qui
n'a plus d'amis, comme un père qui a perdu ses

enfans, comme un voyageur qui erre sur la terre où je suis resté seul.

En disant ces mots, ce bon vieillard s'éloigna en versant des larmes, et les miennes avoient coulé plus d'une fois pendant ce funeste récit.

Imprimé par CH. MEYRUEIS

Rue Cujas, 13

pour DELARUE, libraire, à Paris

www.ingramcontent.com/pod-product-compliance
Lightning Source LLC
Chambersburg PA
CBHW060130100426
42744CB00007B/744